Interkulturelle Kompetenz und verantwortungsvolles Handeln in der Flüchtlingshilfe

Ein Praxisbuch für ehrenamtlich Engagierte

Wellhöfer Verlag

Ulrich Wellhöfer
Weinbergstraße 26, 68259 Mannheim
Tel. 0621 7188167, info@wellhoefer-verlag.de
www.wellhoefer-verlag.de

Layout und Satz: Uwe Schnieders, Fa. Pixelhall, Malsch

ISBN: 978-3-95428-236-4

Inhalt

1. Einführung 5

2. Helferbeziehungen verstehen und reflektieren 9

3. Einflussfaktoren auf interkulturelle Situationen erkennen 23

4. Interkulturelle Interaktionen in der Flüchtlingshilfe gestalten 37
   4.1 Interkulturelle Kompetenz fördern 37
   4.2 Haltungen und Kommunikationstechniken für die Verständigung 39
   4.3 Schlussfolgerungen 42

5. Critical Incidents konzipieren und umsetzen 45
   5.1 CIs als Methode des Lernens in der Flüchtlingshilfe 45
   5.2 CIs formulieren und mit ihnen arbeiten 48
   5.3 Chancen und Kritik 55

6. Vorbemerkungen zur Fallsammlung 57

7. Fallbeispiele mit Lösungsansätzen 61

8. Ausblick 171

9. Literatur 173

10. Anhang: Übersicht aller Fälle (CIs) 180

Abkürzungen

BAMF	Bundesamt für Migration und Flüchtlinge
BMFSFJ	Bundesministerium für Familie, Senioren, Frauen und Jugend
CI	Critical Incident(s)

Danksagungen

In den Band konnten zahlreiche und vielfältige Erfahrungswerte von Menschen, die in der Flüchtlingshilfe tätig sind, einbezogen werden. Die Autorin bedankt sich bei allen, die direkt oder indirekt zum Entstehen des Buches beigetragen haben, auch bei denjenigen, die hier nicht namentlich genannt werden.

Einige Fallbeispiele sind im Rahmen von Seminaren entstanden, welche die Autorin im Auftrag der Stadt Mannheim für Ehrenamtliche sowie professionelle Helferinnen und Helfer in der Flüchtlingshilfe durchgeführt hat. Die Seminare und darüber hinaus die Drucklegung der vorliegenden Handreichung erfolgten mit freundlicher Unterstützung des Flüchtlingsfonds der Stadt Mannheim.

Ein Dank geht ferner an Lena Keller und Kyra Salzwedel für ihr Einverständnis zur Verwendung empirischer Daten aus ihren Bachelorarbeiten an der Fachhochschule für öffentliche Verwaltung NRW (FHöV NRW). Die FHöV NRW hat das Projekt im Rahmen ihrer Forschungsförderung unterstützt, auch dafür sage ich Dank.

Fallbeispiele oder Impulse zu Critical Incidents haben darüber hinaus Katrin Böhnke, Daphne Hadjiandreou-Boll, Ute Niepenberg, Vitalia Seidel und Willy Zyska-Wagner beigesteuert. An der Interpretation von Critical Incidents haben Schakila Formoly, Driss Houradi, Teafai Tewolde und Liza Zakar mitgewirkt. Auch ihnen sei herzlich gedankt.

1. Einführung

Bei der Integration von Zugewanderten der vergangenen Jahre nehmen Ehrenamtliche eine herausragende Rolle ein. Ohne sie wären eine Willkommenskultur und die Versorgung vieler Tausend Menschen nicht denkbar gewesen. Viele von ihnen haben sich spontan für ein Engagement in der Flüchtlingshilfe entschieden und waren zuvor nicht in die Freiwilligenarbeit eingebunden (vgl. Karakayali & Kleist, 2016; Schumacher, 2016).

Das Aufgabenspektrum von Ehrenamtlichen ist breit gefächert. Nicht selten wird ihnen Improvisationsgeschick und Kreativität abverlangt. Denn oft werden sie mit Situationen konfrontiert, für die es bisher keine Handlungskonzepte gegeben hat. Viele Engagierte wachsen an ihren Aufgaben und haben ihren Erfahrungshorizont und ihre sozialen Kompetenzen enorm erweitert. Viele haben darüber hinaus das Bedürfnis, ihre Arbeit zu reflektieren und sich weiterzuentwickeln.

Das vorliegende Praxisbuch hat die Intention, die Weiterbildung von Ehrenamtlichen in der Flüchtlingshilfe zu unterstützen.

Dabei stehen folgende Ziele im Vordergrund:

- Unterstützung der Qualifizierung von Akteurinnen und Akteuren in der Flüchtlingshilfe, insbesondere hinsichtlich der Chancen, Herausforderungen und Handlungsbedarfe in einer Migrationsgesellschaft
- reflektierter und moderierter Austausch über Motive, Helferbeziehungen und interkulturelle Austauschprozesse in der ehrenamtlichen Flüchtlingshilfe
- Förderung (kultur-)sensiblen und sozial kompetenten Handelns in Begegnungen mit geflüchteten Menschen auf der Basis von Empathie und Perspektivwechsel
- Zusammenarbeit von Haupt- und Ehrenamtlichen

Helfen im Kontext der Flüchtlingsarbeit wird von Außenstehenden oftmals als politisch verstanden – auch dann, wenn dies nur auf einen kleinen Teil von Aktivisten zutrifft und die Motivation vieler Engagierter überhaupt nicht politisch, sondern eher humanitär oder karitativ begründet ist (vgl. Karakayali & Kleist, 2016; Schumacher, 2016). Wer sich engagiert, setzt trotzdem ein Signal und trägt dazu bei, dass die Integration von Zugewanderten und das Zusammenleben in Vielfalt gelingen.

Da das Interesse an Menschen aus anderen Kulturen sowie emotionale Erfahrungen zentrale Beweggründe für ehrenamtliches Engagement in der Flüchtlingshilfe sind (vgl. Karakayali & Kleist, 2016), macht es Sinn, Qualifizierungen genau an diesen Punkten anzusetzen.

Die Auseinandersetzung mit Critical Incidents (CIs) ist dabei eine moderne, Erfolg versprechende Methode, interkulturelle Kompetenzen und verantwortungsvolles Handeln auf- bzw. auszubauen. Sie bildet aber auch eine Form des moderierten und kontrollierten Austauschs zur Reflexion des Ehrenamtes, einschließlich der emotionalen Implikationen. CIs sind als kritische Ereignisse definiert, die in interkulturellen Interaktionen auftreten können. Sie fokussieren Situationen, die mit Unbehagen, Frustration, Irritation, Unverständnis, Verunsicherung, Enttäuschung, Befremden oder Ärger verbunden sind. Dies soll jedoch nicht den Blick dafür verstellen, dass Begegnungen und Ereignisse in der Flüchtlingshilfe auch von positiven Gefühlen wie Neugier, Freude, positivem Erstaunen, Humor und einer bereichernden Perspektiverweiterung begleitet sein können.

Im Kapitel 2 geht es um die Motive und besonderen Merkmale von Ehrenamtlichen in der Flüchtlingshilfe. Es handelt sich um eine Gruppe, die in ihren Beweggründen und Merkmalen sehr von den sonstigen Personen abweicht, die sich in Deutschland freiwillig engagieren. Im Kapitel 3 werden die Einflussfaktoren auf Situationen und Interaktionen in der Flüchtlingshilfe beschrieben. Diese sind nicht ausschließlich herkunfts- oder kulturspezifisch. Auch gruppen- und migrationsspezifische Erfahrungen, Fremdbilder, die Merkmale von Helferbeziehungen, wechselseitige Erfahrungen und persönliche Aspekte der geflüchteten Menschen spielen eine große Rolle. Kapitel 4 beschreibt Methoden und Techniken, wie Begegnungen in der Flüchtlingshilfe konstruktiv gestaltet werden können, einschließlich der Haltungen und Voraussetzungen für das interkulturelle Lernen. Anschließend wird in den Kapiteln 5 und 6 auf die Entwicklung und Umsetzung von Critical Incidents eingegangen. Kapitel 7 enthält – vor einem Ausblick und dem Literaturverzeichnis – das Herzstück des Buches, die 30 Critical Incidents mit Auflösungen.

Vorgestellt werden 30 kurze Situationsbeschreibungen, sogenannte Critical Incidents, als Instrument für das interkulturelle Lernen sowie die Reflexion von Helferbeziehungen in der Flüchtlingsarbeit. Die Mehrheit der CIs ist konsequent aus der Perspektive von Ehrenamtlichen geschrieben. Dabei bilden die Ehrenamtlichen selbst eine heterogene Gruppe, deren Mitglieder sich in ihrem Alter, ihren Lebenssituationen, ihren Helfermotiven und Herkünften stark unterscheiden. Die Fallbeispiele wurden im Rahmen von Hospitationen in der Flüchtlingshilfe und bei Fortbildungen mit Ehrenamtlichen generiert. Im weiteren Prozess wurden die Fallbeispiele im Sinne der CI-Technik weiterentwickelt, für Qualifizierungsprogramme aufbereitet und in Weiterbildungen mit Akteurinnen und Akteuren in der Flüchtlingsarbeit erprobt.

Zu jedem dargestellten Fall werden Fragen und Lösungsmuster beschrieben, die das Einfühlungsvermögen schulen und zu Perspektivwechsel sowie (Selbst-)Reflexion auffordern. Unter Berücksichtigung des aus dem Perspektivwechsel gewonnenen Wissens werden die Lernenden ermutigt, Herangehensweisen zu suchen, die den Bedürfnissen der verschiedenen Interaktionspartnerinnen und -partner gerecht werden. Im Zuge der Fallanalysen werden kritische Merkmale in den Interaktionen mit Geflüchteten identifiziert, zum Beispiel mögliche kulturelle Unterschiede, Stereotypisierungen oder Aspekte der Autonomie und Abhängigkeit in Helferbeziehungen. Eine Übersicht aller CIs sowie der in ihnen enthaltenen Themen befindet sich im Anhang.

Kritische Ereignisse bilden einen wichtigen Bestandteil in der Qualifizierung für Tätigkeiten in der Flüchtlingshilfe. Sie können sowohl im Selbststudium als auch in der Bildungsarbeit eingesetzt werden.

Im hier vorliegenden Band werden interkulturelle Aspekte und die Analyse von Helferbeziehungen erstmals miteinander in Bezug gesetzt. Das Arbeitsbuch ergänzt diverse, schon existierende Leitfäden, die vorrangig Wissen über sachorientierte Aspekte wie das Asylverfahren oder Fluchtursachen vermitteln. Manche geben Ehrenamtlichen Handlungsempfehlungen, bezogen auf bestimmte, begrenzte Bereiche wie beispielsweise die Gesundheit oder Versicherungsfragen (siehe z. B. Hanns-Seidel-Stiftung, 2016; Landschaftsverband Rheinland, 2016).

Das Praxisbuch richtet sich an ehrenamtlich Engagierte in der Flüchtlingsarbeit

- inner- und außerhalb von Organisationen (z. B. Initiativen, Vereinen) sowie
- in unterschiedlichen Bereichen, die sich von Aufgaben in Erstaufnahmeeinrichtungen über kurzfristige Hilfen bzw. Betreuungen bis hin zu längerfristig angelegten Patenschaften und Begleitungen erstrecken.

Darüber hinaus finden

- hauptamtliche Akteurinnen und Akteure bzw. Entscheiderinnen und Entscheider in der Flüchtlingsarbeit (z. B. Koordinationsstellen für Ehrenamtliche) sowie
- Multiplikatorinnen und Multiplikatoren in der Bildungsarbeit

hilfreiche Anregungen für ihre Arbeit. Ehrenamtliche Flüchtlingshilfe vollzieht sich immer auch in einem bestimmten gesellschaftspolitischen Umfeld. Viele Ehrenamtliche setzen sich nicht nur mit Geflüchteten, sondern darüber hinaus mit hauptberuflichen Akteurinnen und Akteuren, Behörden und ggf. den Organisationen auseinander, für die sie tätig sind.

Die hier vorliegende Fallsammlung und Lernmethode können zivilgesellschaftliche Organisationen, Kommunen und Bildungseinrichtungen verwenden, um ehren- und hauptamtliches Engagement in der Flüchtlingshilfe zu flankieren.

2. Helferbeziehungen verstehen und reflektieren

Beim freiwilligen Engagement handelt es sich „um freiwillig übernommene Aufgaben und Arbeiten, die unbezahlt oder gegen geringe Aufwandsentschädigung ausgeübt werden (...). Die Tätigkeit ist nicht auf materiellen Gewinn gerichtet, sie ist öffentlich beziehungsweise findet im öffentlichen Raum statt, sie wird in der Regel gemeinschaftlich beziehungsweise kooperativ ausgeübt, sie ist gemeinwohlorientiert und sie wird freiwillig ausgeübt" (Bundesministerium für Familie, Senioren, Frauen und Jugend (BMFSFJ), 2016, S. 10). Freiwilliges Engagement wird als „eine Form sozialer Teilhabe und bedeutsam für den Zusammenhalt der Gesellschaft" angesehen (a. a. O., S. 9). Die Begriffe Ehrenamt, bürgerschaftliches Engagement und Freiwilligenarbeit unterscheiden sich in ihrer Historie und mitunter in ihrem fachwissenschaftlichen Verständnis. Da sich umgangssprachlich der Begriff „Ehrenamt" eingebürgert hat und auch die Ehrenamtlichen in der Flüchtlingshilfe sich selbst so bezeichnen (vgl. Han-Broich, 2012), soll diese Begrifflichkeit im Folgenden weiter verwendet werden.

Ehrenamt oder Freiwilligenarbeit sind Aufgaben, die in vielen Ländern in der Form und mit der Motivation, wie sie in Westeuropa und Nordamerika praktiziert werden, nicht bekannt sind. Zwar kennt auch der Islam unentgeltliche Arbeit, doch ist diese ggf. stark religiös motiviert: Wer hilft, wird von Gott belohnt und sammelt Pluspunkte, welche die Aussicht auf ein gutes Leben im Jenseits steigern.

Die Bereiche, in denen sich Menschen in Deutschland freiwillig engagieren, variieren erheblich: Sport und Bewegung (16 %), Schule und Kindergarten (9 %), Kultur und Musik (9 %), Soziales (9 %), Freizeit und Geselligkeit (6 %) sind stark vertretene Felder. Flüchtlings- oder Migrationsarbeit wurde nicht separat betrachtet und kann als Querschnittsaufgabe verstanden werden, die sich über mehrere Bereiche hinweg erstreckt. Schätzungen gehen davon aus, dass sich im Oktober 2015 über zehn Prozent der über 14-Jährigen in Deutschland an Aktivitäten in der Flüchtlingshilfe beteiligten (Ahrens, 2015).

Wer sich engagiert

Nach dem Freiwilligensurvey von 2014, bei dem eine telefonische Repräsentativbefragung von 28.690 Personen durchgeführt wurde, sind rund 44 Prozent der Wohnbevölkerung in Deutschland freiwillig engagiert (BMFSFJ, 2016). 58 Prozent investieren lediglich bis zu zwei Stunden in der Woche in ihr Ehrenamt – eine Gruppe, die in den letzten Jahren stark gestiegen ist. Der Frauenanteil liegt mit 42 Prozent etwas unter demjenigen der Männer. 14- bis 49-Jährige sowie Menschen mit hoher Bildung sind überrepräsentiert. Dagegen sind Personen mit gesundheitlichen Einschränkungen sowie mit Migrationshintergrund in geringerem Maße engagiert, insbesondere Menschen mit eigener Zuwanderungsgeschichte und ohne deutschen Pass sind seltener vertreten. Allerdings ist in der zuletzt genannten Gruppe die Bereitschaft zum Engagement groß. Das heißt, hier liegen offenbar ungenutzte Potenziale.

In der Flüchtlingshilfe haben die meisten Engagierten erst im Jahr 2015 ihre Tätigkeit begonnen. Karakayali und Kleist (2016) gehen von zwei Dritteln neu Engagierten aus, unter denen ein großer Teil zuvor gar nicht ehrenamtlich aktiv gewesen ist. Auch Schumacher (2016) nimmt an, dass die meisten Ehrenamtlichen vor ihrem jetzigen Engagement keine Berührungspunkte zu Geflüchteten und zur Flüchtlingshilfe hatten, sofern man von einer kleinen Gruppe „Asylaktivist_innen“ (S. 6) absieht, die sich seit Langem für Geflüchtete einsetzt und ein hohes Know-how aufgebaut hat. Die genannten „Asylaktivist_innen“ seien politisch motiviert und wollten mit ihrem Engagement einen Kontrapunkt zur staatlichen Asylpolitik setzen.

Die in der Flüchtlingshilfe Engagierten bilden keinen Querschnitt der im Freiwilligensurvey ermittelten Gruppe. Repräsentative Erhebungen zu den demografischen Merkmalen und Motiven von Flüchtlingshelferinnen und -helfern fehlen zwar noch, doch Karakayali und Kleist (2016) haben sich 2015 diesem Forschungsthema mit einer Online-Befragung von 2.291 Personen angenähert. Danach sind drei Viertel der in der Flüchtlingshilfe ehrenamtlich Engagierten Frauen. Bei den unter 50-Jährigen sind sogar mehr als 80 Prozent weiblichen Geschlechts. Engagiert sind vor allem mit je 23 Prozent Anteil die über 50- und 60-Jährigen, aber auch die Jüngeren sind mit jeweils über 15 Prozent in den Altersgruppen der unter 30-Jährigen, 30- bis 39- sowie 40- bis 49-Jährigen deutlich vertreten. Etwa die Hälfte der Akteurinnen und Akteure in der Flüchtlingshilfe ist erwerbstätig, über 20 Prozent sind in Rente, 11 Prozent studieren. 42 Prozent gaben an, konfessionslos zu sein, und 55 Prozent halten ihre Konfession hinsichtlich ihres Engagements für bedeutungslos. Unter den Engagierten sind Muslime mit 2,5 Prozent deutlich unterrepräsentiert. 24 Prozent der Helferinnen und Helfer haben einen Migrationshintergrund – mehr als im Bundesschnitt bei anderen freiwilligen Aufgaben (s. BMFSFJ, 2016). Von denjenigen mit Migrationshintergrund haben mehr als die Hälfte einen Menschen mit Fluchterfahrung in der Familie. Unter denjenigen ohne Migrationshintergrund sind es ein knappes Drittel (Karakayali & Kleist, 2016). Ein knappes Viertel der Befragten investiert mehr als zehn Stunden pro Woche in ihr Ehrenamt, etwa 54 Prozent sind drei bis zehn Stunden dabei.

Motive von Ehrenamtlichen in der Flüchtlingshilfe

Bei den Motiven, sich freiwillig zu engagieren, dominieren im Freiwilligensurvey (BMFSFJ, 2016) Spaß (80 %), mit anderen Menschen und anderen Generationen zusammenkommen (60 % bzw. 61 %) und die Gesellschaft mitgestalten wollen (57 %). Bei den Beweggründen von Ehrenamtlichen in der Flüchtlingshilfe überwiegt das Gemeinschaftsgefühl (Karakayali & Kleist, 2016). 97 Prozent der befragten Akteurinnen und Akteure möchten darüber hinaus die Gesellschaft mitgestalten – viel mehr als im Bundesdurchschnitt aller freiwillig Engagierten. 90 Prozent der Helferinnen und Helfer sehen in ihrem Engagement ein Zeichen gegen Rassismus. 67 Prozent der Befragten gaben als Motiv ihr Interesse an Menschen aus anderen Kulturen an – ein Motiv, das der Freiwilligensurvey gar nicht berücksichtigte und das offenbar in der Flüchtlingshilfe von zentraler Bedeutung ist.

Ein weiterer, nicht unerheblicher Beweggrund für das Engagement sind für 40 Prozent der Befragten emotionale Erfahrungen (Karakayali & Kleist, 2016). Die Auseinandersetzung mit Gefühlen scheint demnach in der ehrenamtlichen Flüchtlingshilfe von signifikanter Bedeutung zu sein, worauf bei der Konstruktion und Umsetzung der Critical Incidents an späterer Stelle zurückgekommen werden soll. Anlass für das Engagement ist ferner die Berichterstattung in den Medien über Schwierigkeiten von Geflüchteten. Knapp die Hälfte der Ehrenamtlichen sieht in ihrem Engagement einen Ausdruck gegen die staatliche Flüchtlingspolitik. Ein Drittel der Befragten meinte, dass Deutschland im Herbst 2015 mit der Aufnahme der Geflüchteten überfordert gewesen war. Und ein Viertel fände es problematisch, wenn (noch) mehr Asylsuchende nach Deutschland kämen.

Han-Broich (2012) bestätigt, dass Berichte in den Medien bei den von ihr befragten 22 Ehrenamtlichen ein Anlass für den Beginn einer Tätigkeit in der Flüchtlingshilfe gewesen sind. Allerdings waren es nicht unbedingt Beiträge über dramatische Fluchten, sondern eher über konkrete Asylunterkünfte in der Nachbarschaft. Darüber hinaus wurden einige von ihnen durch andere Engagierte persönlich angesprochen, sie wurden durch eine Freiwilligenagentur vermittelt oder kamen durch Anwohnerversammlungen oder Zufallsbegegnungen zu ihrem Ehrenamt.

Bei den Motiven für die Flüchtlingshilfe differenziert Han-Broich (2012) zwischen intrinsischen und extrinsischen. Bei intrinsischen Motivierten stehen Persönlichkeitsmerkmale im Vordergrund: religiöse Überzeugungen (z. B. christliche Nächstenliebe), Pflichtgefühle (Bewusstsein über den eigenen Wohlstand oder privilegierte Lebensverhältnisse) oder das Bestreben, am Leid bzw. Schicksal der Geflüchteten Anteil zu nehmen und helfen zu wollen. Dagegen werden extrinsisch Motivierte durch konkrete Erfolge angespornt. Sie befinden sich in einer biografischen Um- und Neuorientierung, beispielsweise nach Eintritt in den Ruhestand, oder versprechen sich einen persönlichen Nutzen wie eine Steigerung des persönlichen Wohlbefindens, Bestätigung, Anerkennung, Spaß und Freude. Viele haben den Wunsch nach einer sinnvollen Aufgabe, die sie zufriedenstellt und ihren persönlichen Ansprüchen genügt. Ferner können sozialpolitische Interessen die Ehrenamtlichen motivieren, wenn es ihnen darum geht, die Gesellschaft mitzugestalten. Aus Sicht der befragten Geflüchteten dominieren bei den Ehrenamtlichen die Persönlichkeitsmerkmale bzw. intrinsischen Beweggründe.

Die von Han-Broich (2012) befragten Ehrenamtlichen stellten heraus, dass sie durch ihr Engagement in der Flüchtlingshilfe eine Horizont- und Erkenntniserweiterung sowie einen Zugewinn an Verständnis, Sensibilität,

Empathie und Toleranz im Umgang mit fremden Menschen erfahren. Das Ehrenamt trägt zur sozialen Kompetenz- und Persönlichkeitsentwicklung bei und bereichert das eigene Leben. Interessanterweise haben die intrinsisch im Vergleich zu den extrinsisch Motivierten ein größeres Durchhaltevermögen. Während die auf Erfolg Ausgerichteten durch Nichterreichen von Zielen in der ehrenamtlichen Tätigkeit ins Zweifeln kommen, würden die aus ihrer Persönlichkeit heraus Motivierten erst bei Problemen in den Rahmenbedingungen ihr Engagement aufgeben wollen, beispielsweise wenn sie keine Zeit mehr dafür hätten.

Trotz hoher Arbeitsbelastung sind Ehrenamtliche in der Flüchtlingshilfe hochmotiviert. Nach der Studie von Karakayali und Kleist (2016) sind fast drei Viertel der Befragten von ihrem ehrenamtlichen Einsatz erfüllt und 60 Prozent ziehen sogar neue Motivation aus ihrem Engagement. 67 Prozent gaben an, nicht frustriert zu sein.

Die beschriebenen Motive für die ehrenamtliche Flüchtlingshilfe werden auch häufig in Seminaren für diese Zielgruppe genannt. Ohne dass die Autorin dieses Buches die Beweggründe in ihrer Häufigkeit oder Sinnhaftigkeit bewerten möchte, zeigt die Erfahrung, dass folgende Motive eine Rolle spielen:

- humanitäre oder karitative Motive: Menschen in Not helfen
- christliche Einstellungen, insbesondere Nächstenliebe
- Bilder in den Medien über Flucht, Vertreibung und menschliche Not, das Bedürfnis, etwas tun und mit anpacken zu wollen
- eigene Flucht- oder Migrationserfahrung, die in der Regel schon viele Jahre zurückliegt
- Suche nach Sinn und (oder) neuer Lebensgestaltung, zum Beispiel nach Eintritt in den Ruhestand oder Auszug der Kinder
- Zufall: Man wird zum Beispiel von der Kommune oder einem guten Freund angesprochen.
- Interesse am Kontakt mit Menschen aus andere Kulturen
- Fokus auf Geflüchtete aus bestimmten Herkunftsländern, Regionen oder Kontinenten (z. B. Afrika): Man hat zu bestimmten Zielgruppen einen besonderen Bezug und der Austausch klappt besonders gut.
- politische Interessen: Personen, die schon lange für das Asylrecht einstehen und es verteidigen wollen oder dazu beitragen möchten, dass die Gesellschaft gerechter wird

- Ängste vor Überfremdung und Bedrohungsgefühle und das Bestreben, diesen entgegenzuwirken
- eher selten: Ablehnung der Zuwanderung (z. B. Angst vor wachsender Homophobie): die eigene Haltung relativieren, indem ein Ehrenamtlicher beispielsweise die Patenschaft für gleichgeschlechtlich orientierte Geflüchtete übernimmt

Ehrenamtliches Engagement folgt nicht immer aus eigenem Beweggrund heraus, sondern mitunter sind auch Zufälle von Bedeutung, beispielsweise dass man von der Kommune oder jemandem aus dem Freundes- oder Bekanntenkreis angesprochen wird. Dass die Unterstützung für Geflüchtete im sozialen Umfeld erwartet oder als wichtig erachtet wird, gaben 44 Prozent der von Karakayali und Kleist (2016) Befragten zu verstehen.

Dass manche Ehrenamtlichen nach einem Engagement 2015 und 2016 aus der Flüchtlingshilfe wieder ausgestiegen sind, ist ein anderes Thema, auf das im Ausblick (Kapitel 8) eingegangen wird.

Aufgaben und Tätigkeiten in der Flüchtlingshilfe

Das für die ehrenamtliche Flüchtlingshilfe typische Aufgabenspektrum ist groß: Es reicht von niedrigschwelligen Orientierungsangeboten, der Erstversorgung / Hilfe bei der Ankunft, der Essensausgabe über Begegnungsangebote (z. B. Gespräche, Frauengruppen, Feste), Sprachunterricht, Freizeitangebote, Familien- / Patenbetreuungen, Unterstützung bei Behördengängen und Fahrdienste bis hin zur Koordination von Spenden, Öffentlichkeitsarbeit, Beziehungen zu Behörden und der Unterstützung anderer Ehrenamtlicher (vgl. Bertelsmann Stiftung, 2016; Han-Broich, 2012; Karakayali & Kleist, 2016). Han-Broich (2012) nennt unter der praktischen Lebenshilfe für die Geflüchteten noch die Begleitung bei Arztbesuchen, die Hilfe bei der Arbeits- und Wohnungssuche und Dolmetschertätigkeiten. Die praktische Unterstützung von Geflüchteten steht gegenüber professionellen Tätigkeiten wie der Beratung und Betreuung, beispielsweise zu rechtlichen oder psychologischen Themen, im Vordergrund.

Die Hälfte der von Karakayali und Kleist (2016) Befragten gab an, sich teils zivilgesellschaftlicher und teils solcher Aufgaben anzunehmen, die eigentlich als staatliche Verantwortung eingestuft werden (z. B. Sprachunterricht). Initiativen übernehmen aber nicht nur staatliche Aufgaben, sondern sie sorgen mitunter auch erst dafür, dass diese nutzbar werden (z. B. durch Lotsenfunktion, Aufklärung über bestehende Rechte, vgl. Bertelsmann Stiftung, 2016). Ehrenamtliches Engagement kann staatliche Aufgaben somit ersetzen oder ergänzen. Darüber hinaus leisten Ehrenamtliche zivilgesellschaftliche Aufgaben, welche staatliche Organe nicht leisten können, indem sie beispielsweise Kontakte im sozialräumlichen Umfeld vermitteln oder Spannungen in der Nachbarschaft verhindern bzw. reduzieren. 1,7 Prozent der von Karakayali und Kleist (2016) Befragten gaben sogar zu erkennen, dass sie Hilfe bei Grenzüberquerungen leisten – ähnlich viele wie diejenigen, die bei der Rückkehrberatung und religiösen Betreuung ihr Handlungsfeld sehen.

Besonderheiten des Engagements in der Flüchtlingshilfe

Die ehrenamtliche Arbeit mit Geflüchteten hat gegenüber anderen freiwilligen Tätigkeiten einige Besonderheiten: Nach Schumacher (2016) geschah 2015 die Arbeit „im Katastrophenmodus" (S. 2) und wäre ohne Ehrenamtliche kaum vorstellbar gewesen. Darüber hinaus prägen Sprachbarrieren, die hohe kulturelle Diversität (auch unter Ehrenamtlichen) sowie die Konfrontation mit traumatisierenden Kriegs- und Fluchterfahrungen das Handeln. Anfangs war das Aufgabenfeld wenig strukturiert, wobei sich diesbezüglich in den vergangenen Monaten Änderungen ergeben haben (vgl. Bertelsmann Stiftung, 2016). In Ostdeutschland, so wird angenommen, stehen Initiativen in der Flüchtlingshilfe unter starkem politischen „Druck von rechts" (Rat für Migration, 2016, S. 4).

Effekte ehrenamtlicher Flüchtlingshilfe

Das Ehrenamt ist eine „integrierende Kraft für die Gesellschaft" (Han-Broich, 2012, S. 183). Ehrenamtliche in der Flüchtlingshilfe erweitern ihre sozialen Kontakte und geben ihre Kenntnisse in die Gesellschaft weiter. Sie bilden ein Bindeglied zwischen den Geflüchteten und der Mehrheitsgesellschaft, insofern sie auch Vorurteilen entgegentreten. Darüber hinaus stellt das Ehrenamt einen wichtigen Baustein zur Integration von Geflüchteten dar: Durch die persönliche Beziehung zu den Zugewanderten tragen sie zu deren emotionaler Stabilisierung bei. Sie vermitteln den Geflüchteten Wertschätzung, Sicherheit, Geborgenheit und Zufriedenheit und wirken möglichen aggressiven und depressiven Affekten entgegen (a. a. O., S. 136). Damit lösen sie auch emotionale Blockaden auf, die oftmals eine kognitive und soziale Integration erschweren.

Durch ihr Engagement nehmen Ehrenamtliche aber auch direkten Einfluss auf die kognitive und soziale Integration. So fördern sie die Sprachkompetenzen von Geflüchteten, die Kenntnisse über Normen und Werte sowie das Anpassungsdenken und -verhalten. Ferner sorgen Ehrenamtliche dafür, dass Geflüchtete ihre Scheu ablegen, auf die deutsche Mehrheitsgesellschaft zuzugehen, um Kontakte zu knüpfen, Freundschaften zu suchen, Mitgliedschaften in Vereinen einzugehen oder sich einen Zugang zum Bildungssystem, Wohnungs- und Arbeitsmarkt zu verschaffen. Damit unterstützen Ehrenamtliche maßgeblich die Integration von Geflüchteten in die Gesellschaft (vgl. Han-Broich, 2012).

Ob und inwieweit die Integration von neu zugewanderten Asylsuchenden politisch und gesellschaftlich überhaupt erwünscht ist, mag dahingestellt bleiben. Klar ist, dass von Geflüchteten erwartet wird, dass sie auf die deutsche Gesellschaft zugehen, sich orientieren und starke Anpassungsleistungen erbringen. Im Falle eines Negativbescheids zum Asylgesuch wird die Rückführung dann allerdings umso schwieriger und ist ggf. menschlich schwer nachvollziehbar. Hinzu kommt, dass staatlicherseits zwischen Geflüchteten mit guter und schlechter Bleibeperspektive unterschieden wird: Für diejenigen mit guter Bleibeperspektive ist der Zugang zum Spracherwerb, zu Schulbildung, Arbeit usw. oft leichter, und sie erhalten spezielle Integrationsangebote. Diejenigen mit schlechter Bleibeperspektive sind dann umso stärker auf die Angebote von Ehrenamtlichen angewiesen.

Strukturen / Organisationsformen in der Flüchtlingshilfe

Viele Ehrenamtliche in der Flüchtlingshilfe gehörten zunächst (spontanen) Initiativen, Projekten oder selbstorganisierten Gruppen an, die basisdemokratisch ausgerichtet waren. Im Laufe der Zeit haben diese einen Prozess der Professionalisierung und Formalisierung durchlaufen. Ein Teil der Ehrenamtlichen ist nunmehr in Vereinen, Kirchen und ähnlichen

Strukturen organisiert (Karakayali & Kleist, 2016). Dadurch gibt es an vielen Orten eine koordinierende Stelle. Davon abgesehen sind auch bei Initiativen feste Ansprechpersonen für die Ehrenamtlichen sowie ein hohes Maß an Selbstorganisation entstanden (vgl. Bertelsmann Stiftung, 2016). Zehn Prozent der Helferinnen und Helfer engagieren sich aber weiterhin allein, ohne Initiative oder Verein im Hintergrund (Karakayali & Kleist, 2016). Oftmals greifen Initiativen auf Personen mit Managementerfahrung oder -geschick zurück. Davon abgesehen haben sich Koordinationsstellen für Ehrenamtliche gebildet, entweder bei den Initiativen selbst, in Netzwerken (z. B. an runden Tischen) oder zentral bei Trägern oder Kommunen.

Das Zusammenspiel haupt- und ehrenamtlicher Helferinnen und Helfer war nach der starken Zuwanderung von Geflüchteten 2014 / 2015 zunächst nicht eingespielt und stellt heute vielerorts eine Suchbewegung dar. Hauptamtliche sind nicht weisungsbefugt und Ehrenamtliche nicht weisungsgebunden (BMFSFJ & INBAS-Sozialforschung GmbH, 2015, S. 23) – ein auch aus anderen Bereichen freiwilligen Engagements bekanntes Merkmal. Hauptberuflich in der Flüchtlingsarbeit Tätigen werden mitunter Vorbehalte entgegengebracht, da diese in bestimmte Strukturen (z. B. Zeitgrenzen, Bindung an gesetzliche Bestimmungen und Weisungen) eingebunden sind, welche die Ehrenamtlichen teilweise ablehnen. Die Koordination von Ehrenamtlichen kostet den hauptberuflich Tätigen zumindest am Anfang viel Energie. Denkbar sind auch Gefühle der sozialen Kontrolle und Rechtfertigungsdruck gegenüber Ehrenamtlichen und die Angst vor dem Verlust der „schönen Seiten" der Arbeit (Schumacher, 2016, S. 5). Während Ehrenamtliche direkte Hilfe leisten und zu den Geflüchteten eine zwischenmenschliche Beziehung aufbauen können, sehen sich hauptberufliche Akteurinnen und Akteure häufig mit einer Vielzahl administrativer Aufgaben konfrontiert. Zweifellos haben Ehrenamtliche durch ihre große Nähe zu Geflüchteten viel Expertise im Umgang mit diesen erworben und sollten deshalb in die Planung künftiger Strukturen und Hilfsangebote eingebunden werden.

Das Zusammenspiel haupt- und ehrenamtlicher Helferinnen und Helfer wird nicht nur in der Flüchtlingsarbeit, dort jedoch ganz besonders von einem Aushandlungsprozess bestimmt. Der Grat zwischen Zusammenarbeit und Konkurrenz ist manchmal schmal und setzt voraus, dass beide Seiten bereit und fähig sind, sich sinnvoll zueinander zu positionieren. In der Flüchtlingsarbeit gibt es in der Regel so viel zu tun, dass man sich separate Arbeitsfelder suchen und damit aus dem Weg gehen kann. Konkurrenzdenken ist mitunter auch ein Thema unter Ehrenamtlichen. Sie können selbst bestimmen, welche Geflüchteten sie unterstützen und welche nicht. Das kann beispielsweise zur Folge haben, dass eine einzelne Person (z. B. eine 16-jährige Frau aus Eritrea) von acht Helferinnen und Helfern betreut wird, während andere keinen Kontakt zu Personen aus der deutschen Aufnahmegesellschaft haben.

Manche Organisationen lehnen ehrenamtliches Engagement in der Flüchtlingsarbeit grundsätzlich ab. Sie haben keine guten Erfahrungen mit Ehrenamtlichen gemacht. So wollen sie für das Handeln von Ehrenamtlichen, ihr mitunter nicht sensibles Handeln oder auch ihre Überforderung, keine Verantwortung übernehmen. Tätigkeiten in der Flüchtlingshilfe erfordern aus Sicht mancher Akteurinnen und Akteure eine qualifizierte Ausbildung, Kontinuität und eine verbindliche Einordnung in Strukturen. Es gibt aber auch Einrichtungen und Bereiche der Flüchtlingshilfe, in denen eine Art Mittelweg gegangen wird: Dort werden sog. Integrationslotsen, Kulturdolmetscherinnen / -dolmetscher oder Integrationshelferinnen / -helfer und Ähnliche gesucht, qualifiziert und eingesetzt. Diese bringen eine eigene Zuwanderungsgeschichte mit, sprechen die Sprachen der Geflüchteten und werden auf Honorarbasis vergütet oder auf geringem Niveau sozialversicherungspflichtig angestellt. Für viele von ihnen ist dies zugleich eine Chance auf einen Zugang zum Arbeitsmarkt, nachdem sie zuvor nicht oder nur in gering qualifizierten Tätigkeiten beschäftigt waren. Die neue Rolle stärkt insbesondere das Selbstbewusstsein und die Teilhabe von migrantischen Frauen. Perspektivisch gesehen sind Integrationslotsen oder Kulturdolmetscherinnen / -dolmetscher neben haupt- und ehrenamtlich Engagierten als dritte relevante Gruppe in der Flüchtlingshilfe zu betrachten.

Herausforderungen in der Flüchtlingshilfe

Neben dem Zusammenspiel haupt- und ehrenamtlicher Akteurinnen und Akteure gibt es eine Reihe weiterer Herausforderungen in der Flüchtlingshilfe (vgl. Bertelsmann Stiftung, 2016): Unklar ist, ob und ggf. wie die Initiativen und Koordinationsstellen in der Zukunft ihre Rollen sehen, wie sie diese ggf. voneinander abgrenzen und ihre Arbeit finanzieren. Die Frage ist auch, wie Konflikte zwischen Koordinationsstellen, der Verwaltung bzw. den Behörden und Initiativen ausgetragen werden.

Hinzu kommen Belastungen, die oft aus einem hohen Verantwortungsgefühl, der Konfrontation mit persönlichen Schicksalen, unzureichenden oder fehlenden Versorgungsstrukturen und einer Sorge um fremdenfeindliche Stimmungen im Umfeld der Geflüchteten entstehen. Um den Belastungen standzuhalten, brauchen Ehrenamtliche ein hohes Maß an Selbstfürsorge (Selbstschutz, Entlastung und Ausgleich), eine gute Reflexion ihrer Motive, weshalb sie helfen, und eine gute Vernetzung (vgl. Schröder, 2016).

Unstrittig ist, dass sowohl Ehren- als auch Hauptamtliche einen hohen Qualifizierungsbedarf haben, um das komplexe Feld von Flucht, Migration und Integration zu verstehen und sich im Rahmen der jeweiligen Möglichkeiten zu professionalisieren. Dazu gehören auch Bildungsangebote in interkultureller Kompetenz und zur Reflexion von Helferbeziehungen, um Belastungen und negativen Fremdbildern entgegenzuwirken. Fragen zur Reflexion von Motiven, der Praxis und von möglichen Belastungen in der ehrenamtlichen Flüchtlingshilfe sind in Tabelle 1 zusammengefasst.

Tab. 1: Reflexionsfragen für Ehrenamtliche in der Flüchtlingshilfe

Motivation
• Warum will ich helfen? Was motiviert mich, ehrenamtlich in der Flüchtlingshilfe aktiv zu sein? Ist meine Motivation zum Beispiel religiös, karitativ, menschenrechtlich oder politisch inspiriert? Gibt es Querverbindungen zu meiner eigenen Biografie oder zur Geschichte meiner eigenen Familie? (z. B. eigene Ausgrenzungserfahrungen, Fluchthintergrund in früheren Generationen)

- Die Begegnung zwischen Helfenden und Geflüchteten geschieht nicht auf Augenhöhe und ist von einem Ungleichgewicht geprägt. Was unterscheidet mich von den Geflüchteten? (z. B. Sprache, Herkunft, Fluchterfahrung, Erfahrung mit Rassismus in der deutschen Gesellschaft, rechtlicher Status und damit verbundene Privilegien)
- Welches Bild habe ich über Geflüchtete?
- Welche Geflüchteten werden ehrenamtlich unterstützt? Welche nicht? Nach welchen Kriterien findet diese Auswahl statt?

Praxis des Helfens

- Mit welchen Schwierigkeiten von Geflüchteten werde ich konfrontiert? Zum Beispiel problematische Unterbringung, schleppende Bearbeitung von Asylanträgen, fehlende Schutzräume für Frauen und Kinder, fehlender Zugang zu Sprachkursen und zum Arbeitsmarkt, keine oder unsichere Perspektiven der Familienzusammenführung, Bedrohung durch Abschiebung, schwierige Situation von Familienangehörigen im Kriegsgebiet usw.
- Ehrenamtliche können in der Regel selbst bestimmen, was sie tun, mit wem sie Kontakt haben und wie lange sie helfen. Können die Geflüchteten ebenfalls bestimmen, wann und mit welchen Ehrenamtlichen sie zu tun haben möchten und wie lange?
- Helfen und Bestimmen können nahe beieinanderliegen. Können die Geflüchteten, mit denen ich in Kontakt stehe, meine Hilfe und Unterstützung auch ablehnen? Wie kann ich meine Unterstützung so organisieren, dass ich meinem Gegenüber ermögliche, auf mein Angebot zu verzichten, ohne dass es Konsequenzen hat?
- Wie kann ich Fragen so offen stellen, dass ich etwas über die Interessen, Vorlieben, Bedarfe, gute Zeiten für Verabredungen usw. erfahre? Wie kann ich Fragen so stellen, dass ich die Grenzen des anderen nicht überschreite oder ihn gar retraumatisiere?

Belastungserleben und Grenzen

- Welchen Gewinn ziehe ich aus dem Engagement für Geflüchtete? Lohnt sich die von mir aufgebrachte Energie? Gibt es eventuell auch Nachteile, die sich auf mein Familienleben oder meine Freizeit auswirken?
- Bemerke ich an mir Veränderungen wie chronische Erschöpfung oder Schlafstörungen?
- Kann und will ich auch mal Nein sagen?

- Bin ich in meinem Ehrenamt bereits an Grenzen gestoßen? Wenn ja, an welche? Hier einige Beispiele: Ohnmacht angesichts von Gesetzen und Vorschriften, sich von Geflüchteten nicht verstanden fühlen, keine Dankbarkeit erhalten, allein gelassen werden von Professionellen, fehlende Ressourcen, persönliche Überforderung
- Wie zufrieden bin ich mit der Unterstützung durch professionelle Strukturen?

In die Darstellung sind Ideen des Netzwerkes Rassismuskritische Migrationspädagogik (2016) und Schröder (2016) eingeflossen.

Qualifizierungsbedarfe und interkulturelle Themen

Der Austausch untereinander und mit hauptamtlich Tätigen stellt für Ehrenamtliche eine wichtige Unterstützung dar und hilft, gerade „in schwierigen Zeiten nicht aufzugeben“ (Han-Broich, 2012, S. 43). Vor allem themenbezogene Veranstaltungen rufen eine „bleibende Resonanz“ hervor (a. a. O., S. 43). Seminare und Workshops zur interkulturellen Kompetenz können ein solches Angebot sein. Ehrenamtliche in der Flüchtlingshilfe berichten von Missverständnissen, die bei ihnen Enttäuschung, Verzweiflung oder Ärger hervorrufen und die sie mit kulturellen Unterschieden in Verbindung bringen (z. B.: „Pünktlichkeit, Erziehungsverhalten, körperliche Gewaltanwendung, Verantwortungsbewusstsein, ausnutzendes Verhalten, Anpassungsprobleme, respektloser Umgang mit Frauen“, a. a. O., S. 207).

Themen, mit denen sich Ehrenamtliche auseinandersetzen und zu denen sie Austauschformate und Qualifizierungsangebote wünschen und brauchen, sind unter anderem:

- interkulturelle Kompetenz
- Reflexion von Helferbeziehungen
- Selbstfürsorge und Schutz vor Überlastung
- Grundlagen des Ausländer- und Asylrechts einschließlich Ablauf eines Asylverfahrens
- Erkennen von Traumatisierung und Umgang damit als Ehrenamtliche / r
- Genderaspekte in der Flüchtlingsarbeit
- Deutschunterricht durch Ehrenamtliche und Zugang zu anderweitigen Deutschkursen

- Behördenstrukturen für Zugewanderte und Zusammenarbeit mit unterschiedlichen Ämtern (z. B. Sozialamt, Jobcenter, Agentur für Arbeit)
- Zugang zum Studium, Ausbildungs- und Arbeitsmarkt für Geflüchtete, Angebote von Arbeitsmarktorganisationen
- Anerkennung im Ausland erworbener Bildungs- und Berufsabschlüsse
- Kompetenzerfassungen bei Geflüchteten durch Ehrenamtliche, welche die Grundlage für die Integration in Ausbildung und Beschäftigung bilden können
- Antidiskriminierungsarbeit
- Rechts- und Versicherungsfragen für ehrenamtliche Helferinnen und Helfer

Die Fallbeispiele im vorliegenden Buch bringen vorrangig die beiden ersten Themen zusammen: interkulturelles Handeln und die Reflexion von Helferbeziehungen. Die anderen Aspekte werden bis auf den zuletzt genannten jedoch ebenfalls aufgegriffen, sodass vernetztes Lernen möglich ist, denn in der Praxis sind die Phänomene oftmals stark miteinander verschränkt und stehen nicht isoliert nebeneinander.

3. Einflussfaktoren auf interkulturelle Situationen erkennen

Kultur ist definiert als ein für eine Gesellschaft, Organisation oder Gruppe typisches Orientierungssystem (Thomas, 2003, S. 22). Kulturen variieren hinsichtlich einer Reihe von Aspekten wie Wahrnehmung, Zeit- und Raumerleben, Denken, Sprache, nonverbale Kommunikation, Wertorientierungen, Verhaltensmuster, soziale Beziehungen und persönliche Eigenschaften (Maletzke, 1996, S. 42).

Ein Vergleich der von Hofstede (2011), Thomas (2003) und anderen Kulturtheoretikern wie Hall (1976) aufgestellten Merkmale verdeutlicht, dass sich Menschen in Deutschland von denen anderer Länder – kulturell betrachtet – in vielerlei Hinsicht unterscheiden.

Über kulturelle Prägungen hinaus spielen in den Interaktionen zwischen Ehrenamtlichen und Geflüchteten aber auch persönliche und soziale Faktoren eine maßgebliche Rolle wie

- gruppen- und migrationsspezifische Erfahrungen (z. B. Erfahrungen von Ungleichheit und Ausgrenzung, Leben in einer Asylunterkunft),
- Fremdbilder,
- Merkmale von Helferbeziehungen und wechselseitige Erwartungen,
- Motive und individuelle Sozialisationserfahrungen der Beteiligten.

Unter Berücksichtigung des Ansatzes von Auernheimer (2013) und des von Franzke sowie Shvaikovska (2016) entwickelten Modells können folgende, in Tabelle 2 zusammengefasste Faktoren zur Erklärung interkultureller Überschneidungssituationen in der Flüchtlingshilfe in Betracht gezogen werden:

Kulturunterschiede

Für die Analyse interkultureller Überschneidungssituationen in der Flüchtlingshilfe kommen die klassischen Theorien über kulturelle Differenzen in Betracht. Ansätze zur Erklärung kulturell bedingter Verschiedenheit sind unter anderem von Hofstede (2011) und Thomas (1993) formuliert worden. Diese sog. Kulturtheoretiker unterscheiden länderspezifische Ausprägungen auf mehreren Dimensionen bzw. sie definieren bestimmte Kulturstandards.

Ein erstes Merkmal, die sog. „Machtdistanz“, ist der Grad, in dem Menschen die ungleiche Verteilung von Macht erwarten und akzeptieren. Hier geht es um die Frage, wie Menschen zu Hierarchien eingestellt sind und inwieweit diese eine wichtige Orientierung im Leben geben. Die deutsche Gesellschaft ist eine, die durch eher niedrige Machtdistanz bzw. niedrige Hierarchieorientierung gekennzeichnet ist: Rollen und Autorität sind zwar vorhanden, müssen aber oft in der Interaktion erst klargestellt und ggf. eingefordert werden.

Die zweite Dimension, „Kollektivismus“ (versus „Individualismus“), bezieht sich auf das Ausmaß, in dem sich Menschen über die Zugehörigkeit zu sozialen Gruppen definieren. Dieser Unterschied wird mitunter auch als Einzel- bzw. Gruppenorientierung bezeichnet. Viele Menschen in Deutschland sind stark individualistisch eingestellt, das heißt, sie haben ihre eigenen Bedürfnisse und möglicherweise noch diejenigen der unmittelbaren Familie im Blick. Die Gesellschaft unterstützt das Streben nach persönlichem Glück, indem sie beispielsweise in den Schulen oder auch während der Berufsorientierung darauf hinwirkt, dass jeder Mensch seine Stärken und Talente kennenlernt und in eine Ausbildung bzw. ein Studium einmündet, in denen diese Potenziale verwirklicht werden können. Die Zugehörigkeit zu Gruppen kann in der Regel selbst bestimmt und gestaltet werden. Ganz anders ist dies in kollektivistischen Gesellschaften, in denen die Menschen oft von Geburt an in bestimmte Gruppen hineingeboren und (oder) sozialisiert werden, deren Regeln sie folgen und denen gegenüber sie ihre eigenen Bedürfnisse hintanstellen.

Die Geschlechterrollen sind interkulturell betrachtet ein schwieriges Thema. „Maskulinität“ (versus „Femininität“) kennzeichnet nach Hofstede (2011) eine Gesellschaft, in der die Rollen der Geschlechter klar gegeneinander abgegrenzt sind. Diese Überlegungen scheinen aus heutiger Sicht überholt. Dennoch gibt es auch weiterhin gute Belege, zumindest für (West-)deutschland in weiten Teilen eine hohe Maskulinität anzunehmen. Das heißt, dass trotz formaler Gleichstellung informell die Orientierung an traditionellen Geschlechterrollen in bestimmten Lebensbereichen (z. B. Berufs- und Studienwahl, Aufteilung von Berufs- und Sorgearbeit in Familien) bestehen bleibt.

Hinzu kommen in Deutschland ein ausgeprägt monochrones Zeitverständnis (vgl. Hall, 1983), das großen Wert auf Pünktlichkeit und korrekte

Handlungsabläufe legt, sowie eine starke Regelorientierung: Übergeordnet festgelegte Bestimmungen (z. B. Gesetze) werden als festgeschrieben betrachtet im Unterschied zu vielen anderen Ländern, in denen Regeln zwar bestehen, aber situativ und flexibel ausgelegt werden.

Nach Hall (1976) dominiert in Deutschland eine sog. „Low-context"-Kommunikation, bei der das Gemeinte direkt und möglichst wortwörtlich unabhängig vom Kontext kommuniziert wird. Dies steht im Gegensatz zu der Praxis in vielen anderen Ländern, in denen der Kontext entscheidet, wie was zu verstehen ist. Gesagt ist dort nicht immer auch gemeint und Kritik wird beispielsweise mit Rücksicht auf harmonische Beziehungen allenfalls indirekt angedeutet.

Nonverbal sind Menschen in Deutschland dafür bekannt, dass sie ein eher hohes Distanzbedürfnis haben (vgl. Hall, 1966). Das heißt, dass sie mindestens eine Armlänge Abstand brauchen, wenn sie mit neuen, noch unbekannten Personen in Kontakt kommen. Es wird ihnen nachgesagt, eher sparsam mit Gesten umzugehen.

Festgehalten werden kann, dass Menschen in Deutschland – interkulturell betrachtet – so extrem sind, dass Angehörige vieler anderer Länder mit ihnen ein Problem haben: Das Zeitverständnis kennt wenig Spielraum. Termin ist Termin – und schon ein paar Minuten Verspätung können im Kontakt mit Behörden negativ ausgelegt werden. Das an Pünktlichkeit orientierte Zeitverständnis ist oft der erste Unterschied, den Geflüchtete in Deutschland als relevant erkennen und bei dem von ihnen eine Anpassung erwartet wird. Ähnlich verhält es sich bei der Regelorientierung: Geflüchtete lernen sehr rasch, dass Behörden (z. B. das Bundesamt für Migration und Flüchtlinge, BAMF) nicht bestechlich sind und man auf die Prozesse und Entscheidungen von Verwaltungen wenig persönlichen Einfluss nehmen kann. Manche Geflüchtete, die aus Ländern kommen, in denen Willkür und Korruption zur Alltagsnormalität gehören, nehmen dies als eine Wohltat wahr.

Darüber hinaus ist die Kommunikation in Deutschland sehr direkt, was aus Sicht von Menschen anderer Länder unhöflich oder gar aggressiv wirken kann. Die deutsche Gesellschaft folgt einem starken Individualismus, in dem allenfalls die Kernfamilie und gute Freunde relevante Dritte sind, doch schon die Pflege der Eltern wird gerne an Andere delegiert, was für kollektivistisch geprägte Personen schwer vorstellbar ist. An den Individualismus sind große Freiheiten geknüpft, beispielsweise steht es den Menschen in Deutschland frei, wie sie sich im Rahmen sehr weit gehaltener gesellschaftlicher Konventionen kleiden und welche Meinung sie vertreten. Auch dies wissen viele Geflüchtete zu schätzen und sind geneigt, bestimmte individualistische Züge anzunehmen.

An den Kulturdimensionen und Kulturstandards ist hinreichend Kritik geübt worden, unter anderem an der Gefahr der Stereotypisierung und der Vermittlung des Eindrucks, dass Menschen in einem Kulturkreis eine in sich geschlossene Gruppe bildeten. Die aufgezeigten Unterschiede stellen keine „Patentrezepte" für das Handeln in konkreten Situationen dar. Und schließlich werden sie der Vielfalt und den sozialen Unterschieden in Einwanderungsgesellschaften und innerhalb der sehr heterogenen Gruppe der Geflüchteten in keiner Weise gerecht.

Um kulturelle Unterschiede kennenzulernen und zu verstehen, ist es hilfreich, sich Wissen über kulturelle Unterschiede als EINE MÖGLICHE Erklärung für Situationen in der Flüchtlingshilfe anzueignen, so wie es beispielsweise über Kulturassimilatoren vermittelt wird (vgl. Thomas, 1993 und Abschnitt 5.1). Die eine oder andere irritierende Reaktion wird so nachvollziehbar. Entscheidend ist auch, sich der Kulturgebundenheit des eigenen Erlebens und Verhaltens und der Auswirkungen auf die Situation bewusst zu sein. Auf diese Weise kann erschlossen werden, was das Gegenüber möglicherweise als befremdlich erlebt. Letztlich gibt das Wissen über kulturelle Unterschiede jedoch nur vermeintliche Sicherheit. Kulturunterschiede können, aber müssen nicht bei der Erklärung interkultureller Überschneidungssituationen in der Flüchtlingshilfe relevant sein – denn auch den nachfolgenden Faktoren kommt eine große Bedeutung zu.

Gruppen- und migrationsspezifische Erfahrungen

Individuen nehmen sich als Mitglieder bestimmter Gruppen wahr. Menschen bestimmter kultureller Prägungen oder nationaler Herkunft machen häufig kollektive Erfahrungen mangelnder Teilhabe, der Ungleichheit, Unterlegenheit, Unterdrückung, Ausgrenzung und Diskriminierung, die Rückzug, generalisiertes Misstrauen oder Widerstand zur Folge haben (vgl. Auernheimer, 2013, S. 55).

Der Kontakt von Ehrenamtlichen zu Geflüchteten ist oft auch von der Lebenssituation der neu Angekommenen bestimmt: Dazu gehören unter anderem das (unter Umständen krank machende) Leben in einer Asylunterkunft mit wenig Privatsphäre und ohne Arbeitserlaubnis (dafür aber Langeweile), enttäuschte Erwartungen, falsche oder verzerrte Deutschlandbilder und die Ungewissheit über den Ausgang des Asylverfahrens bzw. die Angst vor Abschiebung. Hinzu kommt der Verlust von Status, des Arbeitsplatzes sowie der materiellen und finanziellen Sicherheit bei den Geflüchteten bis hin zu existenziellen Nöten.

Infolge von Flucht bzw. Migration können Familienangehörige verloren gehen und nicht selten verändern sich die Familienstrukturen. Die Familie ist möglicherweise nicht mehr vollständig oder die Kinder geraten in Erwachsenenrollen hinein, wenn sie schneller als ihre Eltern Deutsch lernen und als Übersetzer fungieren. Zu erwähnen sind auch Sorgen um die zurückgelassene Familie und Freunde. Manchmal besteht der nicht erfüllbare Auftrag, dass die Geflüchteten Familienangehörige aus Europa heraus versorgen. Manchmal kommt noch die eigene „Überlebensschuld" hinzu, wenn Geflüchtete eine riskante Flucht überlebten, Familienangehörige aber nicht. Letztlich ist das Leben von Geflüchteten auch oft von der Hoffnung auf Neubeginn und hohem Anpassungsdruck geprägt (vgl. Schröder, 2016).

Um Reaktionen der in interkulturellen Überschneidungssituationen Beteiligten zu verstehen, sollten sich Lernende mit gruppen- und migrationsspezifischen Erfahrungen vertraut machen, Empathie zeigen und in den Perspektivwechsel gehen. Es ist wichtig, dass Lernende selbst Fremdheitserfahrungen machen, um mögliche Reaktionen darauf bei der eigenen Person kennenzulernen.

Fremdbilder

In Interaktionen gehen die Bilder vom Anderen ein, insofern sie die Erwartungen und mitunter auch das Handeln mitbestimmen.

In der Fremdsicht einer Gruppe summieren sich verschiedene Erfahrungen, Vorstellungen und Vorurteile über ihre Mitglieder. Schreiben Angehörige der einen Gruppe den Mitgliedern einer anderen Gruppe ein Bündel von Eigenschaften und Verhaltensweisen zu, handelt es sich hierbei um Stereotype (Bierhoff, 2006, S. 350). Stereotype Merkmale können positiv, negativ oder neutral bewertet sein. Sie basieren auf einer Verallgemeinerung tatsächlicher Merkmale und dienen insbesondere der Orientierung sowie Komplexitätsreduktion. Stellen sich diese Zuschreibungen in Form verfestigter, negativ besetzter Einstellungen dar, wird von einem Vorurteil gesprochen (a. a. O., S. 349).

Wenn Menschen anderen Personen mit Vorurteilen begegnen, sind sie verunsichert und misstrauisch. Die Bilder vom Anderen werden nicht selten durch selbsterfüllende Prophezeiungen bestätigt. Oder sie fließen in die Art der Ursachenzuschreibung ein, wobei es zu den menschlichen Eigenheiten gehört, eigene Unzulänglichkeiten mit äußeren Umständen, diejenigen anderer jedoch mit ihren Persönlichkeitsmerkmalen zu erklären. Die Tendenz, innere Faktoren zur Erklärung des Verhaltens von Menschen zu überschätzen und situative Faktoren zu unterschätzen, wird als fundamentaler Attributionsfehler bezeichnet (vgl. Aronson, Wilson & Akert, 2008, S. 11).

Über Migrantinnen und Migranten im Allgemeinen sowie über „Flüchtlinge“ im Besonderen existieren in der deutschen Aufnahmegesellschaft zahlreiche Fremdbilder. Diese können mitunter sehr negativ besetzt sein und ablehnende Einstellungen, extreme politische Positionen oder gar Gewalt zur Folge haben. Mit dem Anstieg von Asylsuchenden in den Jahren 2014 bis 2016 ging eine Zunahme fremdenfeindlicher Angriffe einher (Bundesamt für Verfassungsschutz, 2017). Geflüchtete sehen sich mit zahlreichen Vorurteilen und Ablehnung seitens eines Teils der Aufnahmegesellschaft konfrontiert. Dies macht ihnen die Integration keinesfalls leichter und kann wiederum Rückzug oder Misstrauen zur Folge haben (s. Punkt 2 in Tab. 2: gruppen- und migrationsspezifische Erfahrungen).

Fremdbilder zu korrigieren, Stereotype und Vorurteile aufzubrechen, stellt eines der anspruchsvollsten Ziele interkulturellen Lernens überhaupt dar. Hierzu ist es notwendig, eigene Stereotype und Einstellungen zu reflektieren und Menschen – manchmal trotz Stereotypen und Vorurteilen – respektvoll zu begegnen. Mitunter hilft es, die Gefühle, Bedürfnisse und Werte der anderen Person zu erschließen und diese anzuerkennen, auch dann, wenn man sie selbst nicht teilt (vgl. Rosenberg, 2012).

Merkmale von Helferbeziehungen und wechselseitige Erwartungen

Eine These Auernheimers (2013) besagt, dass die meisten Störungen in der interkulturellen Kommunikation nicht auf der Sach-, sondern der Beziehungsebene angesiedelt und damit emotional verankert sind.

Die Interaktion in Helferbeziehungen wird häufig durch Status- und Wohlstandsgefälle und im sprachlichen Ausdrucksvermögen mit bestimmt. Beim Helfen, nicht nur im Ehrenamt, aber ganz besonders in der Flüchtlingshilfe, treffen in der Regel zwei Welten aufeinander: Auf der einen Seite eine gut integrierte Person mit großer Teilhabe und einigen Privilegien in der deutschen Gesellschaft (Sprache, sicherer Aufenthaltsstatus) und auf der anderen Seite eine Person, die wenig Teilhabe hat (unsicherer Aufenthaltsstatus) und mitunter auf Ablehnung in der deutschen Gesellschaft stößt (s. Punkt 3 in Tab. 2: Fremdbilder). Vor dem Hintergrund dieses Kontrastes ist es naheliegend, dass die ressourcen- und teilhabestärkere Person die Deutungshoheit für die Helferbeziehung beansprucht. Nicht vergessen werden sollte darüber hinaus der Aspekt, dass ehrenamtliche Tätigkeit nach westeuropäischem Verständnis in den Ländern der meisten Geflüchteten weder bekannt ist noch praktiziert wird. Die Beziehung zwischen ehrenamtlichen Akteurinnen und Akteuren sowie den Geflüchteten ist also hochgradig erklärungsbedürftig.

Wesentlich im Austausch zwischen Helfenden und Geflüchteten ist, dass sich die Interaktionspartner überhaupt verstehen. Dabei bietet es sich oftmals an, eine Konversation in sog. „leichter Sprache" zu führen, die einem Sprachniveau von A1 nach dem Gemeinsamen Europäischen Referenzrahmen für Sprachen entspricht. Ein Satz in leichter Sprache sollte nicht mehr als acht Wörter haben. Darüber hinaus sollten einfache und kurze Wörter sowie Verben verwendet, Fach- und Fremdwörter sowie Konjunktive vermieden, Abkürzungen umgangen oder erklärt und im Aktiv statt Passiv gesprochen werden. Die Sprache sollte positiv gehalten werden, also mit positiven Begriffen besetzt sein. Redewendungen könnten für Verwirrung sorgen und Verneinungen mit „kein" (phonetisch ähnlich mit „ein") oder mit der Vorsilbe „un-" (phonetisch ähnlich mit „und") sollten umgangen werden. Die Regeln leichter Sprache sowie Beispiele sind bei Helmle (2017) allgemein verständlich wiedergegeben.

Im Lernen für die Flüchtlingshilfe ist es darüber hinaus mit entscheidend, Helferbeziehungen zu reflektieren und ggf. (neu) auszurichten. Gerade der Spagat zwischen Helfen und Bestimmen stellt eine Herausforderung dar und wirft die Frage auf, in welche Rollen die Geflüchteten dadurch geraten und inwieweit diese gewollt und langfristig hilfreich sind.

Wie sich das Geben und Nehmen konkret gestaltet, wird zwischen den Beteiligten immer wieder aufs Neue ausgehandelt. Helferbeziehungen sind von ihrer Natur her selten gleichgewichtig, sondern die Helfenden bringen mit ihren Hilfsangeboten die Adressaten in eine gewisse Abhängigkeit bis hin zur Entmündigung. Vielleicht erwarten die Personen, die helfen, auch eine bestimmte Gegenleistung wie Dankbarkeit oder Anerkennung des Engagements. Gerade wenn die Hilfe nicht gewollt, nicht verstanden oder als selbstverständlich angesehen wird, kann diese Erwartung jedoch nicht erfüllt werden (vgl. Netzwerk Rassismuskritische Migrationspädagogik, 2016).

Han-Broich (2012) hat in ihrer Studie ermittelt, dass die Ehrenamtlichen ihre Beziehung zu den Geflüchteten oftmals distanzierter sehen als die von ihr befragten Geflüchteten. Während sich die Ehrenamtlichen mehr als Helfer denn als Freund betrachten, die zu den Geflüchteten eine offene, nachbarschaftliche und vertrauensvolle Beziehung erleben, beschreiben die Geflüchteten die Beziehung häufig als familiär.

Die Beziehungen zwischen den Helfenden und ihren Adressaten kann dabei verschiedene Qualitäten annehmen: Die Ehrenamtlichen können einen „Ersatz“ bilden, wenn sie beispielsweise die Lücke in einem durch Krieg, Flucht etc. verkleinerten oder veränderten sozialen System (Familie) einnehmen oder von ihnen eine therapeutische Rolle erwartet wird (Han-Broich, 2012, S. 160). Das Verhältnis zu den Ehrenamtlichen kann für die Geflüchteten auch eine kompensatorische Bedeutung haben, wenn es beispielsweise darum geht, Behördengänge zu meistern oder sich durch den Kontakt zu den Ehrenamtlichen aufgewertet zu sehen. Die Beziehung zwischen Ehrenamtlichen und Geflüchteten ist darüber hinaus eine wechselseitige Lernbeziehung. Für die Geflüchteten ist sie eine „Musterbeziehung im Umgang mit anderen Deutschen“ (a. a. O., S. 163), aber auch die Ehrenamtlichen profitieren davon, wenn sie Bilder über Geflüchtete bei sich und anderen in der Gesellschaft korrigieren. Nicht zuletzt hat die Hilfe der Ehrenamtlichen für die Geflüchteten enorme Vorteile, beispielsweise bei der Wohnungs- und Arbeitsplatzsuche.

Beziehungen sind, wie erwähnt, dadurch geprägt, dass die an sie gesetzten Erwartungen verhandelt werden müssen. Um Erwartungen überhaupt zu erkennen, braucht es Empathie. Es kommt darauf an, aktiv-aufmerksam zuzuhören und die Beziehungsebene von Nachrichten in den Blick zu nehmen. Verstehen ist stets ein kooperativer Prozess, bei dem sich die Angehörigen der Aufnahmegesellschaft zumeist über ihre Deutungshoheit in einer stärkeren Ausgangssituation befinden. Wertfreies Beobachten, Höflichkeit, respektvolles Verhalten und interessiertes Fragen zur Situation, zum Erleben und Verhalten des Anderen können das Verständnis erleichtern und auf der Beziehungsebene die Voraussetzungen für Kommunikation und Verständigung schaffen. Manchmal scheint eine Annäherung an die Alltagswelt einer Person oder das Helfen schwierig: Situationen bleiben befremdlich und undurchschaubar. Dann ist und bleibt das Beobachten die einzige Antwort auf das Nicht-Verstehen-Können, das nach Mecheril (2013, S. 33) einer „Kompetenzlosigkeit" gleichkommt. Manchmal muss aber auch akzeptiert werden, dass nicht geholfen werden kann, weil ein Helfer oder eine Helferin zum Beispiel an strukturelle Grenzen stößt. Auch das Aushalten dieser Hilflosigkeit bzw. Ohnmacht stellt eine besondere Herausforderung dar.

Persönlichkeit

In die Begegnung zwischen Geflüchteten und (ehrenamtlichen) Helferinnen und Helfern spielen auch die jeweiligen Persönlichkeiten hinein. Neben allgemeinen Persönlichkeitsmerkmalen wie Intro- oder Extraversion sind es bei den Geflüchteten Erfahrungen von Gewalt, Krieg, Flucht und Armut, eine mögliche Traumatisierung und der individuelle Umgang damit, Kulturschockphänomene sowie persönliche Ressourcen wie Gesundheitszustand, Intellekt und die Fähigkeit zur Orientierung in unbekannten Situationen.

Etwa die Hälfte der Opfer von Krieg, Folter, Vergewaltigung und Vertreibung erkrankt an einer posttraumatischen Belastungsstörung (Landschaftsverband Rheinland, 2016). Menschen, die davon betroffen sind, erleben ein Gefühl anhaltender Bedrohung, ständigen Stress und Erschöpfung. Manchmal reagieren sie auch aggressiv. Folgen der Belastungsstörung sind unter anderem Misstrauen, Mutlosigkeit und Suchtverhalten.

Aber auch andere Auffälligkeiten und Krankheiten infolge von Traumatisierung sind möglich, beispielsweise andauernde Persönlichkeitsveränderungen, dissoziative Störungsbilder (bei denen die Menschen – mitunter ohne sich dessen bewusst zu sein – ihre Identitäten wechseln), Schmerzstörungen und psychosomatische Erkrankungen. Wenn das Trauma wiederholt auf eine Person einwirkte, ist die Wahrscheinlichkeit des Auftretens psychischer Erkrankungen erhöht (Schröder, 2016). Ehrenamtliche, die in Deutschland aufgewachsen und nicht im psychosozialen Bereich tätig sind, haben in der Regel keine Berührungspunkte zu traumatisierten Menschen und sind mit den entsprechenden Symptomen nicht vertraut. Entsprechend hilflos oder überfordert können sie darauf reagieren.

Gerade bei fluchtbedingter Migration ist auch mit sog. Kulturschockphänomenen zu rechnen. Taft (1977) versteht unter einem Kulturschock den psychischen Stress, den eine Person empfindet aufgrund der Belastung, sich in einer neuen Kultur zu bewegen. Damit einher geht eine Verwirrung über die eigene Rolle, Rollenerwartungen anderer, über Werte, die eigenen Gefühle und die eigene Identität. Die Person fühlt sich abgelehnt und (oder) lehnt selbst die neue Kultur ab. Der Kulturschock kann von Irritation, Überraschungs-, Angst- und Ohnmachtsgefühlen begleitet und als psychische Krise erlebt werden. Nach Obergs (1960) U-Modell durchläuft eine Person vier Phasen der Auseinandersetzung mit einer für sie fremden Kultur: Euphorie, Krise (u. a. Kulturschock), Erholung und Anpassung. Nicht immer werden Kulturschocks konstruktiv verarbeitet (vgl. auch Abschnitt 4.2).

Aufseiten der Ehrenamtlichen beeinflussen die Helfermotivation, individuelle Belastbarkeit und natürlich deren interkulturelle Kompetenz und interkulturelle Erfahrungen die Situation (eigene Zuwanderungsgeschichte, Auslandserfahrung, Freundschaften usw.).

Lernziele bei Geflüchteten sind die Förderung der Bereitschaft und Fähigkeit zur Orientierung und für notwendige Anpassungsleistungen (z. B. für den Erwerb der deutschen Sprache). Hilfe bei Traumatisierung muss gewollt und individuell ausgerichtet sein. Bei den Ehrenamtlichen geht es um die Reflexion von Helfermotiven (s. auch Punkt 4 in Tab. 2), ein Bewusstsein über die eigenen Belastungsgrenzen und die Förderung interkultureller Kompetenzen.

Tab. 2: Einflussfaktoren auf Situationen und Interaktionen in der Flüchtlingshilfe und Folgen für das interkulturelle Lernen

Einflussfaktoren	Lernziele
1. Kulturunterschiede	
• Machtdistanz / Hierarchieorientierung • Individualismus versus Kollektivismus / Einzel- versus Gruppenorientierung • Maskulinität versus Femininität / Geschlechterrollen • Zeitverständnis • Regelorientierung • Kommunikationsstil (High- versus Low-context-, direkte versus indirekte Kommunikation) • nonverbaler Ausdruck, z. B. Distanzverhalten	• Wissen über kulturelle Unterschiede • Erkennen der Kulturgebundenheit des eigenen Erlebens und Verhaltens sowie dessen Auswirkungen auf die Situation
2. Gruppen- und migrationsspezifische Erfahrungen	
• kollektive Erfahrungen von mangelnder Teilhabe, Ungleichheit, Unterlegenheit, Unterdrückung, Ausgrenzung und Diskriminierung. Mögliche Folgen: Rückzug, generalisiertes Misstrauen, Widerstand und anderes • Migrationsspezifische Erfahrungen: – Leben in einer Asylunterkunft, Langeweile, keine Arbeitserlaubnis – falsche / enttäuschte Erwartungen – falsche / verzerrte Deutschlandbilder – Ungewissheit über den Ausgang des Asylverfahrens / drohende oder bevorstehende Abschiebung – Verlust von Status, Arbeitsplatz, materiellen und finanziellen Ressourcen, Gefühlen der Heimat und Sicherheit als Auswirkung von Flucht und Migration	• Wissen über gruppen- und migrationsspezifische Erfahrungen, insbesondere über die Lebenssituation von Menschen in einem für sie (noch) fremden Land sowie von Ausgrenzungserfahrungen • Empathie, Perspektivwechsel • interessiertes Nachfragen zur Situation, zum Erleben und Verhalten des Anderen • Simulation und Reflexion von Fremdheitserfahrungen und -reaktionen im Kontext einer Fort- oder Weiterbildung

– existenzielle Nöte – Nichtanerkennung von bisher erworbenen Bildungsabschlüssen und Qualifikationen auf dem Arbeitsmarkt – Verlust von Familienangehörigen und Veränderung von Familienstrukturen infolge von Migration und Flucht – Sorge um zurückgelassene Familie / Freunde – besondere Situation von bestimmten Personengruppen wie geflüchteten Frauen ohne anwesenden Ehemann, sowie Kindern und Jugendlichen, zum Teil unbegleitet – hoher Anpassungsdruck	
3. Fremdbilder	
• Erfahrungen und Vorstellungen über Zugewanderte im Allgemeinen und Geflüchtete aus bestimmten Ländern im Besonderen, einschließlich Stereotypen und Vorurteilen • Bestätigung von Fremdbildern durch selbsterfüllende Prophezeiungen und fundamentale Attributionsfehler	• Reflexion von Stereotypen und Vorurteilen • Entgegenbringen von Respekt trotz negativen Fremdbilds • Anerkennung der Gefühle, Bedürfnisse und Werte des Gegenübers
4. Merkmale von Helferbeziehungen und wechselseitige Erwartungen	
• Status- und Wohlstandsgefälle zwischen Geflüchteten und Helfenden • Unterschiede im sprachlichen Ausdrucksvermögen zwischen Geflüchteten und Helfenden • Ungleichgewichte, Abhängigkeiten, Entmündigung, Geben und Nehmen in Helferbeziehungen • Erwartung von Gegenleistung? • Mögliche Beziehungsqualitäten: z. B. Ersatz-, Kompensations-, Lern- und Vorteilsbeziehung	• Kommunikation in leichter Sprache • Sensibilität für die eigenen Privilegien und die Gefahr einseitiger Deutungshoheit bei den Helfenden • Reflexion von Erwartungen und Beziehungen (u. a. unter dem Aspekt der Beziehungsqualität) • aktiv-aufmerksames Zuhören, um Erwartungen und Rollen zu erschließen • Akzeptanz divergierender Erwartungen, Aushandlung von Erwartungen

	• Beziehungsebene in der Kommunikation in den Blick nehmen, Verstehen zieht Verständigung nach sich • Erkennen und Aushalten von „Kompetenzlosigkeit“ oder Hilflosigkeit / Ohnmacht (nicht helfen können oder wollen)
5. Persönlichkeit	
• Bei Geflüchteten – Erfahrungen von Gewalt, Krieg, Flucht und Armut – Traumatisierung und individueller Umgang damit – Kulturschock und individueller Umgang damit – persönliche Ressourcen: Gesundheitszustand, Intellekt, Fähigkeit zur Orientierung in unbekannten Situationen	• Bei Geflüchteten – Förderung der Bereitschaft und Fähigkeit zur Orientierung, für notwendige Anpassungsleistungen in einem für sie fremden Land (z. B. Erwerb der deutschen Sprache) – Förderung interkultureller Kompetenzen – Hilfe bei Traumatisierung
• Bei Ehrenamtlichen – Helfermotivation – individuelle Belastbarkeit – interkulturelle Kompetenz und interkulturelle Erfahrungen (eigene Zuwanderungsgeschichte, Auslandserfahrung, Lebensgemeinschaft mit einem zugewanderten Partner oder einer zugewanderten Partnerin usw.)	• Bei Ehrenamtlichen – Reflexion von Helfermotiven – Bewusstsein für die eigenen Belastungsgrenzen – Förderung interkultureller Kompetenzen

Auernheimer (2013) plädiert für die Entwicklung einer reflexiven interkulturellen Kompetenz, die Machtasymmetrien (hier in den gruppenspezifischen Erfahrungen und Merkmalen von Helferbeziehungen gegeben), Fremdbilder bzw. Stereotypen und Diskriminierungserfahrungen ebenso wahrnimmt wie die Sensibilität für fremde Kulturmuster. Grundlagenwissen zu der Lebenssituation von Geflüchteten und möglichen kulturellen Prägungen der Person sind ebenso wichtig wie die Fähigkeit, den individuellen und situativen Kontext der jeweiligen Begegnung zu erfassen sowie die eigenen Erwartungen und diejenigen der anderen Interaktionsbeteiligten erkennen und ausbalancieren zu können.

4. Interkulturelle Interaktionen in der Flüchtlingshilfe gestalten

In diesem Kapitel wird beschrieben, wie interkulturelle Kompetenz definiert ist und welche Bestandteile sie hat. Außerdem wird auf den Auf- und Ausbau interkultureller Kompetenzen im Prozess des interkulturellen Lernens eingegangen.

4.1 Interkulturelle Kompetenz fördern

Die Bertelsmann Stiftung und Cariplo (2008) definieren interkulturelle Kompetenz auf Grundlage einer Delphi-Befragung von 23 US-Expertinnen und -Experten. Danach beschreibt interkulturelle Kompetenz „die Fähigkeit, in interkulturellen Situationen effektiv und angemessen zu interagieren" (S. 4). Angemessene Interaktion bedeutet dabei, dass wichtige „kulturelle" Regeln, die die Akteure für verbindlich erachten, nicht verletzt werden und Verhaltensweisen gezeigt werden, die im jeweiligen Umfeld „erwartet werden" (S. 8). Effektive Kommunikation heißt, dass die Akteurinnen und Akteure die individuellen, gemeinschaftlichen oder verhandelten Ziele in der Interaktion erreichen. Der gesellschaftspolitische Rahmen müsse bei der Definition interkultureller Kompetenz stets mit gedacht werden. Die Bertelsmann Stiftung und Cariplo (2008) stellen heraus, dass interkulturelle Kompetenz „durch bestimmte Einstellungen, emotionale Aspekte, (inter-)kulturelles Wissen, spezielle Fähigkeiten und Fertigkeiten sowie allgemeine Reflexionskompetenz befördert" wird (S. 4).

Das Verständnis von „Kultur" und „Interkulturalität" als offene, dynamische Konstrukte verlangt, dass auch interkulturelle Kompetenz als eine „temporäre und entwicklungsoffene Handlungsorientierung" (Otten, Scheitza & Cnyrim, 2009, S. 20) betrachtet wird. Der kompetente Umgang mit Fremdheit ist ein Entwicklungsprozess und weder „statischer Zustand" noch „das direkte Ergebnis einer einzelnen Lernerfahrung" (Bertelsmann Stiftung & Cariplo, 2008, S. 7). Interkulturelles Lernen ist somit als komplexer Prozess persönlicher Weiterentwicklung zu verstehen.

Nach dem mehrstufigen Modell von Bennett und Bennett (2004) besteht der Aufbau interkultureller Kompetenz aus einem Sensibilisierungsprozess. Dieser umfasst sechs verschiedene Stadien, die einem Entwicklungskontinuum von Ethnozentrismus zu Ethnorelativismus folgen. Die drei ersten Stufen sind ethnozentrisch und werden von Bennett und Bennett als Leugnen, Abwehr und Minimierung bezeichnet. Personen, die sich in diesen Stadien befinden, fehlt das Bewusstsein für Kulturdifferenzen. Sie haben eine ablehnende, ignorierende Haltung kulturellen Unterschieden gegenüber entwickelt oder vermeiden den Kontakt zu Fremdkulturen ganz. Die letzten drei Stadien sind durch Ethnorelativität geprägt und werden von Bennett und Bennett Akzeptanz, Anpassung und Integration genannt. Sie beinhalten das Begreifen und Verarbeiten von komplexen kulturspezifischen Besonderheiten bis hin zu der Tendenz, Wahrnehmung und Verhalten je nach Kontext zu verändern und in der letzten Phase sogar in die eigene Lebenswelt zu integrieren.

Krewers Modell interkulturellen Lernens (1994) sieht im Gegensatz zu dem Modell von Bennett und Bennett den Prozess der interkulturellen Kompetenzentwicklung nicht losgelöst von den Kontextbedingungen. Es betont, dass neben kulturellen Differenzen auch andere Kontextfaktoren Einfluss auf die Interaktion nehmen, wie „Dauer, Intensität, Freiwilligkeit, Instrumentalität und institutionalisierte Rahmenbedingungen des Kontaktes, aber auch (...) Machtverteilung, Statusgleichheit bzw. -differenzen (...) und wechselseitig vorhandene Stereotypen" (S. 38 f.). Aus dieser Komplexität und Spezifität interkultureller Kommunikation heraus leitet er „Entwicklungsstufen eines zunehmend differenzierten Umgangs mit Fremdheit" (S. 45) ab. Dabei übernimmt er Bennett und Bennetts Ansatz, mithilfe von Entwicklungsstufen von einer ethnozentrischen zu einer ethnorelativen Einstellung zu gelangen.

„(Inter)kulturelle Kreativität (Synergie)" bildet sich nach Krewer (1994, S. 46) im letzten Stadium interkultureller Persönlichkeitsentwicklung aus. Die lernende Person ist in der Lage, neue und innovative Lösungen in interkulturellen Begegnungen zu entwickeln. Sie versteht, dass die bisherigen Handlungsalternativen vorläufig waren, und ist bereit, diese stetig zu reflektieren und weiterzuentwickeln. Die Phase der (inter)kulturellen Kreativität oder Synergie ist für das interkulturelle Lernen besonders wichtig. Lernziele sind hier das Herausbilden von neuen „Strategien zur interkulturellen Problemlösung, Förderung der Kommunikationsfähigkeit und flexiblen Identitätskonstruktion in interkulturellen Überschneidungssituationen (Ambiguitätstoleranz) und die Entwicklung von Umsetzungsstrategien für innovative Neuschöpfungen" (S. 46).

Die Fähigkeit des kreativen Umgangs mit Interkulturalität ist von hoher Bedeutung. In einer Migrationsgesellschaft, wie in Deutschland gegeben, sind kulturelle Identitäten keine festen Konstrukte, sondern durch einen Prozess der stetigen Veränderung gekennzeichnet.

4.2 Haltungen und Kommunikationstechniken für die Verständigung

Um interkulturelle Interaktionen gestalten zu können, ist es hilfreich, grundlegende Unterschiede zwischen Kulturen zu kennen und Fremdbilder zu hinterfragen (s. Kapitel 3). Letztlich geht es auch um die Aneignung von Handlungskompetenzen für interkulturelle Überschneidungssituationen, die nach Leenen, Stumpf und Scheitza (2014) in Teilen kontextspezifisch, das heißt bezogen auf eine bestimmte Situation, Tätigkeit oder ein bestimmtes Handlungsfeld sind. Interkulturelle Kompetenz besteht danach unter anderem aus um die kulturelle Dimension erweiterten Wissensbeständen und Interaktionsfähigkeiten (vgl. S. 233). Daneben wird das Handlungsvermögen zur Bewältigung der Anforderungen in interkulturellen Überschneidungssituationen durch kontextübergreifende Persönlichkeitseigenschaften sowie Selbst- und Sozialkompetenzen bestimmt. Einige von diesen sollen im Folgenden näher erläutert werden, und zwar Empathie, Ich-Botschaften in Kombinationen mit Beobachtungsgabe, Perspektivwechsel, Ambiguitätstoleranz, die Flexibilität bzw. Erweiterung von Handlungsroutinen, Offenheit, Analysefähigkeiten und die Fähigkeit zur Stressbewältigung bzw. Regulation von Emotionen.

Empathie zeigen ist für die interkulturelle Verständigung ein zentrales Element. Kulturelles Aufeinandertreffen ist oft mit Emotionen bei sich und (oder) den Anderen verknüpft. Die negativ besetzten Emotionen umfassen Gefühle der Unsicherheit und Orientierungslosigkeit genauso wie Überforderung, Frustration, Angst oder Enttäuschung. Es gehört zu den Basistechniken jeglicher Verständigung – nicht nur derjenigen im interkulturellen Kontext – die Gefühle der Interaktionspartner zu würdigen. Das Auflösen interkultureller Spannungen setzt Empathie voraus, die auch Grundlage für jede gute Beziehung ist. Die Interaktionspartner werden nur dann erreicht, wenn sie und ihre Gefühle ernst genommen werden. Gesprächstechnisch lässt sich Empathie zeigen, indem eine Person die Gefühle des Gegenübers so präzise und sensibel erfasst, als ob sie das Gegenüber selbst wäre (vgl. Rogers, 1977). Gesagt werden kann zum Beispiel: „Ich sehe, Sie sind (Gefühl)." Um der Antwort eine gewisse Lösungsorientierung zu geben, kann diese durch eine Verbalisierung des bei der anderen Person mitschwingenden Bedürfnisses oder Wunsches ergänzt werden: „Und ich sehe, Sie wünschen sich (Wunsch)" ODER „Und ich sehe, Sie brauchen (Bedürfnis)".

Für das Ausdrücken der eigenen emotionalen Betroffenheit bieten sich sogenannte **Ich-Botschaften** an. Ich-Botschaften sind Aussagen, in denen der Sprecher sein eigenes Erleben kommuniziert (Gehm, 2006, S. 124). Sie bestehen aus drei Elementen (a. a. O., S. 124 f.):

1. Wahrnehmung oder Beobachtung: Was ist passiert?
   Was habe ich beobachtet oder erlebt?
2. Eigene Empfindungen, Gefühle und Wirkungen:
   Wie fühle ich mich? Was sind Folgen?
3. Wunsch / Bitte: Was wünsche ich mir jetzt?
   Welche Bitte habe ich an den anderen?

Die Beobachtung kann formuliert werden mit Satzanfängen wie „Ich habe beobachtet ..." oder „Mir ist aufgefallen, dass ...". Als Nächstes wird das Gefühl kommuniziert: „Das freut / irritiert / verunsichert mich ...", gegebenenfalls mit Folge: „Das hat zur Folge, dass ..." In einem dritten Schritt wird der Wunsch nach einer Lösung ausgesprochen, zum Beispiel mit „Ich wünsche mir ...".

Die Bereitschaft zum Perspektivwechsel ist ein weiterer Schlüssel zur interkulturellen Verständigung. Unter **Perspektivwechsel** verstehen Reinecke und Pahlke (2011) die „Bereitschaft und Fähigkeit, die personellen, situativen und kulturellen Beweggründe einer anderen Person wahrzunehmen, aktiv zu erschließen und bei der Situationsinterpretation adäquat zu berücksichtigen, auch wenn dies bedeutet, gewohnte Denkmuster zu hinterfragen und ggf. aufzugeben" (S. 5). Diese Kompetenz ist unter anderem daran ersichtlich, dass sich ein Mensch über die Befindlichkeit der anderen Person Gedanken macht, Verständnis für die Situation und Reaktion einer anderen Person zeigt, an Hintergrundinformationen interessiert ist, um das Verhalten anderer verstehen zu können, und versucht, Probleme über die Ursachenzuschreibung von Kultur, Religion und Herkunft hinaus zu beleuchten (a. a. O., S. 18). Auf Verhalten, das nicht verstanden wird, darf mit Fragen geantwortet werden, zum Beispiel: „Wie ist Ihr (Verhalten) zu verstehen?" oder „Ihre Absichten, so zu handeln, verstehe ich nicht. Können Sie mir dies bitte erklären?"

Mehrdeutigkeiten auszuhalten spielt auf **Ambiguitätstoleranz** an und meint nach Reinecke und Pahlke (2011) die „Fähigkeit, Widersprüchlichkeiten, Unsicherheiten oder mehrdeutige und komplexe Informationslagen in ihrer Vielschichtigkeit wahrzunehmen und sich davon nicht beeinträchtigt zu fühlen" (S. 5). Konkret kann dies bedeuten, dass eine Person auf unstrukturierte Situationen gelassen reagiert, schwierige oder scheinbar unlösbare Situationen als Herausforderung ansieht, schwer kontrollierbare Situationen humorvoll aufnimmt, kulturell bedingte gegensätzliche Erwartungen gut handhaben kann und einen konstruktiven Umgang mit unabgeschlossenen Lagen und Abweichungen von gewohnten Normen entwickelt hat (a. a. O., S. 19).

Handlungsroutinen zu erweitern meint die **Fähigkeit zum flexiblen Denken und Handeln** und bedeutet, „unbekannte und vielfältige Situationen durch schnelles Einstellen auf veränderte Umweltbedingungen und ein breites Verhaltensrepertoire zu bewältigen und Handlungspläne entsprechend zu modifizieren" (Reinecke und Pahlke, 2011, S. 5). Verhaltensanker für diese Eigenschaft sind, dass eine Person originelle Ideen hat und neue Lösungsoptionen generiert, sich schnell auf veränderte Anforderungen und Situationen einstellen kann, einen produktiven Umgang mit den Problemen anderer zeigt und gewohnte Handlungsmuster verlassen kann (a. a. O., S. 18).

Weiterhin nennen Reinecke und Pahlke (2011) **Offenheit** als Schlüsselmerkmal interkultureller Kompetenz. Diese definieren sie als „Bereitschaft und Fähigkeit, sich auf Neues einzulassen, und es in seinem Verhalten wertschätzend zu berücksichtigen" (S. 5). Dies wird darin ersichtlich, dass ein Mensch vor unterschiedlichen Kulturen und Religionen Respekt zeigt, an die Situation angepasste Lösungsvorschläge unterbreitet, sich verschiedene Lösungswege vorstellen kann und die Chancen und Potenziale von Veränderungsprozessen erkennt (a. a. O., S. 18).

Zentral ist auch die Entwicklung eines Gespürs und einer **Analysefähigkeit** dafür, was überhaupt kulturell bedingte Muster sind. Denn neben kulturellen Prägungen können auch die (Lebens-)Situation und die Persönlichkeit als Erklärung von Denk- und Verhaltensweisen mit in Betracht gezogen werden (s. Kapitel 3).

Entscheidend für eine erfolgreiche Orientierung in einem fremden Land ist auch der **Umgang mit dem sogenannten Kulturschock** (vgl. Kapitel 3), das heißt der individuelle Umgang mit psychischem Stress, wenn Menschen merken, dass ihre bisherigen kulturellen Standards in einem neuen Land nicht weiterhelfen. Mitunter bleiben Menschen in der Schockphase stecken oder der Kulturschock stellt sich immer wieder ein. Je häufiger sich Menschen konstruktiv mit Fremdheit und Kulturschocks auseinandergesetzt haben, desto größer ist die Wahrscheinlichkeit, dass sie dies auch in der Zukunft tun werden.

Interkulturelle Kompetenz beinhaltet die Fähigkeit, das Spannungsfeld zwischen Erkennen und gleichzeitigem Vernachlässigen von kulturellen Differenzen handhaben zu können. Interkulturell kompetente Akteurinnen und Akteure sind sich dieser Schwierigkeit bewusst und können professionell mit Fremdheit, Differenz und Verschiedenheit umgehen, ohne zu kulturalisieren oder zu ethnisieren.

4.3 Schlussfolgerungen

Interkulturelle Sensibilität und Kompetenz bedeuten, nicht sofort Lösungsmuster parat zu haben, sondern vielmehr sich Zeit zu nehmen, genauer hinzuschauen, mehr verstehen zu wollen als bisher und sich in einen Aushandlungsprozess hineinzubegeben. Jacobsen (2011) versteht interkulturelle Kompetenz insofern als eine „Beobachtungs- und Analysemethode, die (...) ihren Blick auf das richtet, was die Beteiligten zu einer konkreten Situation beitragen“ (S. 154). Analog einer ethnografischen Vorgehensweise sollte die Situation offen, neugierig, ausdauernd und hartnäckig angegangen werden. Die Beobachtungen sollten zunächst einmal keiner moralischen Bewertung unterzogen werden.

Das Ziel ist, dass die beteiligten Menschen in einen für die Problemlösung notwendigen Kontakt kommen, eine Verständigung möglich wird und nachhaltige Lösungen entstehen. Dieser Prozess erfordert einerseits Geduld, andererseits führt er zu größerer Zufriedenheit bei den Beteiligten, da sie mehr Informationen gewinnen und auf größere Kooperationsbereitschaft treffen.

Geduld ist auch bei dem Vorhaben gefragt und gefordert, Menschen in diesem Lernprozess zu begleiten. Insbesondere bei großer Ungeduld von Teilnehmenden oder wenn einfache, rechtlich oder sozial konforme, aber nicht kultursensible Handlungsweisen theoretisch und praktisch möglich oder in einer Organisation sogar wünschenswert sind, kann die Bereitschaft zur Empathie, zum Perspektivwechsel und zur anstrengenden Suche nach kreativen Wegen schwinden. Auch oder gerade in durch Fremdheitserfahrungen ausgelösten Stress- und Belastungssituationen lassen sich Rückfälle in ethnozentrische Sichtweisen beobachten. Im Unterschied zur Aus- und Fortbildung in Behörden geschieht Weiterbildung in ehrenamtlichen Tätigkeiten zumeist freiwillig und nicht als Verpflichtung. Das führt dazu, dass die meisten Teilnehmenden für die Beschäftigung mit entsprechenden Themen hochmotiviert sind und sie in der Regel keinen einschränkenden institutionellen Kontext erleben.

Die Arbeit mit und an Fällen, den Critical Incidents, sollte gleichwohl gut vorbereitet werden und eingebunden sein. Sie sollte idealerweise erst zur Anwendung kommen, nachdem die Teilnehmenden für die eigene kulturelle Prägung, Kulturschockphänomene und Stereotype sensibilisiert wurden, Basiskenntnisse über Kultur und mögliche Kulturunterschiede vermittelt und Grundfertigkeiten der Kommunikation eingeübt worden sind. Wird zu früh mit der Fallarbeit begonnen, können Lerneffekte in Richtung Kultursensibilität hinfällig werden und die Arbeit kann für alle Beteiligten unbefriedigend bleiben.

Wie Critical Incidents konzipiert und umgesetzt werden, damit beschäftigt sich das nächste Kapitel.

5. Critical Incidents konzipieren und umsetzen

Nachdem dargelegt wurde, wie interkulturelle Interaktionen gestaltet und interkulturelle Kompetenzen erworben werden, greift dieses Kapitel geeignete Vermittlungsmethoden und insbesondere die Critical-Incident-Technik auf. Diese kann zum interkulturellen Lernen und zur Reflexion von Helferbeziehungen in der Flüchtlingsarbeit bedeutsame Beiträge leisten.

Lehrende und Lernende erfahren, wie CIs sich von einem eignungsdiagnostischen Verfahren zu einer prominenten Methode interkulturellen Lernens entwickelt haben, wie sie Schritt für Schritt konzipiert, formuliert und umgesetzt werden. Ferner werden Hinweise zur Nutzung von CIs in der Erwachsenenbildung gegeben. Am Ende steht ein Appell an freies, kreatives Arbeiten mit CIs. Auf diese Weise können – unter Beachtung der Grenzen und Kritik an der Methode – die Fallbeispiele ziel-, zielgruppen- und handlungsfeldspezifisch abgestimmt, angepasst und mit anderen Methoden kombiniert werden.

5.1 CIs als Methode des Lernens in der Flüchtlingshilfe

Die sogenannte Critical-Incident-Technik wurde 1954 von Flanagan für eignungsdiagnostische Zwecke in der Luftfahrt entwickelt und wird bis heute als eine situationsbasierte Methode zur Arbeits- und Anforderungsanalyse eingesetzt (vgl. Schuler, 2014). Critical Incidents in der Personalauswahl sind Situationen, in denen bestimmte Verhaltensweisen als besonders erfolgreich oder nicht erfolgreich im Hinblick auf ein bestimmtes Ziel gelten und die eine Unterscheidung zwischen geeigneten und nicht geeigneten Personen erlauben. Die Methode wird in vielen Bereichen eingesetzt, in denen es um das Verstehen menschlicher Einstellungen und Verhaltensweisen geht (Wight, 1995, S. 128).

Fiedler, Mitchell und Triandis (1971) sowie Thomas (1993) haben die CI-Technik auf interkulturelle Interaktionen übertragen und verstehen unter Critical Incidents Situationen,

- in denen die handelnden Personen auf Barrieren stoßen, ihnen etwas widerfährt und sie sich wahrscheinlich missverstehen,

- die sie als konfliktträchtig, irritierend, frustrierend, schwierig, merkwürdig oder rätselhaft erleben,
- die anders oder neu interpretiert werden, wenn die Personen über kulturelles Wissen verfügen (vgl. Fiedler et al., S. 97; Thomas, S. 415).

Mit diesem Verständnis von Critical Incidents verbindet sich der sogenannte Kulturassimilator. Dieser ist Bestandteil von interkulturellen (Selbst-) Lernprogrammen, die auf spezifische Kulturen oder Länder bezogen sind. Die Lernenden werden schriftlich mit einem bestimmten Szenario konfrontiert und sollen anschließend aus vier Antwortoptionen die wahrscheinlichste kulturelle Erklärung bzw. Interpretation herausfinden. Die Übenden erhalten ein Feedback zu ihrer Entscheidung. Die richtige Interpretation ist diejenige, die aus Sicht der fremdkulturellen Interaktionsperson am ehesten als Erklärung für die Ursache des konfliktträchtigen Geschehens herangezogen würde. Die anderen drei Alternativen sind aus Sicht der eigenen Kultur plausibel, würden aber von Mitgliedern der Fremdkultur nicht gewählt (vgl. Albert, 1983, S. 194). Das Ziel der Methode ist, mehr über eine bestimmte Zielkultur und ihre zugrunde liegenden Normen, Werte und Kulturstandards zu erfahren. Die Lernenden sollen befähigt werden, sich in die Art des Denkens und Handels einer spezifischen Fremdkultur hineinversetzen zu können.

In der von Thomas herausgegebenen Reihe „Beruflich in ..." sind Bände für rund 30 Länder erschienen, die nach dem Kulturassimilator konzipiert worden sind. Interkulturelle Trainings, die auf diesem Verständnis von Critical Incidents aufbauen und für internationale Wirtschaftsbeziehungen entwickelt wurden, treffen jedoch nicht die Erwartungen von Ehrenamtlichen und gehen an den Erfordernissen und Realitäten einer Einwanderungsgesellschaft vorbei.

Kulturassimilatoren sind auch insofern kritisch zu bewerten, als dass sie die Gefahr von Stereotypisierung und Ethnisierung in sich bergen: Zum einen wird angenommen, dass die in den Fällen dargestellten Konflikte stets auf grundlegenden kulturellen Differenzen zwischen den Akteurinnen und Akteuren – nach Thomas (1993) Kulturstandards genannt – beruhen und sich Menschen in bzw. aus einem bestimmten Land relativ ähnlich verhalten. Dies muss de facto aber nicht der Fall sein, gerade dann, wenn die Herkunftsländer der Geflüchteten (z. B. Syrien oder Afghanistan) sozial und kulturell extrem heterogen sind.

Um die Critical-Incident-Technik für die interkulturelle Verständigung in der Flüchtlingshilfe nutzbar zu machen, bietet sich der Ansatz der französischen Sozialpsychologin Cohen-Emerique (2006) an. Cohen-Emerique schlägt eine systematische Bearbeitung von Fremdheitserfahrungen in drei Schritten vor, bei der erstens das eigene Erleben und die Irritation eigener Standards sichtbar gemacht, zweitens zur Perspektiverweiterung angeregt und drittens zur Entwicklung von Handlungsstrategien aufgefordert wird.

Leitfragen für den ersten Schritt, den eigenen Bezugsrahmen erkunden, sind: „Welche Gefühle löst der Fall bei mir aus? Was stört mich? Welche meiner Wertvorstellungen werden angegriffen oder in Frage gestellt?" (Institut für den Situationsansatz, 2007, S. 3). Im nächsten Schritt geht es um den Perspektivwechsel und das Hineinversetzen in die Sicht der Interaktionsperson. Um die „fremde" Lebenswelt zu verstehen, schlägt Cohen-Emerique unter anderem wertfreies und aufmerksames Zuhören, Beachtung nonverbaler Kommunikationssignale und das Sich-Zeit-Nehmen vor. Leitfragen für den zweiten Schritt, den Bezugsrahmen des anderen erkunden und Hypothesen bilden, lauten: „Was weiß ich über die Situation und die Wertvorstellungen (...) [der anderen Person]? Was vermute ich? Was vermute ich, wie (...) [die andere Person] die Situation erlebt hat? Was will ich wissen, um besser zu verstehen?" (Institut für den Situationsansatz, 2007, S. 3).

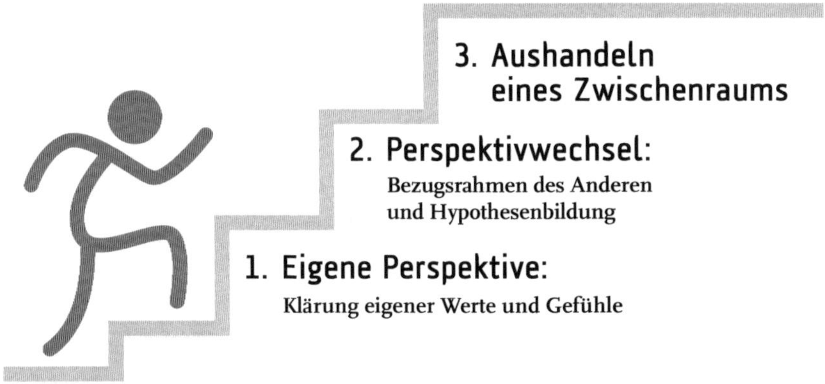

Abb. 1: Vorgehen zur Analyse und Reflexion eines Critical Incidents nach Cohen-Emerique (2006)

Die dritte Stufe befasst sich mit der Aushandlung und Mediation (Cohen-Emerique, 2006, S. 319). Das Institut für den Situationsansatz (2007), das sich auf die Vorgehensweise nach Cohen-Emerique bezieht, schreibt dazu: „Hier geht es darum, eine neue Norm zu finden, ein gemeinsames Feld oder einen ‚3. Raum' zu erschließen, in welchem jede / r seine Identität bewahrt und gleichzeitig den Weg des anderen betritt" (S. 2). Leitfragen für den dritten Schritt, ein Aushandlungsgespräch führen – auf gleicher Augenhöhe eine Lösung entwickeln, lauten: „Was will ich mit dem Gespräch erreichen? Welche Fragen möchte ich stellen? Was möchte ich von mir sagen?" (S. 4).

Die Analyse und Entwicklung von Handlungsoptionen nach dem Ansatz von Cohen-Emerique (2006) ist in Abbildung 1 wiedergegeben. Das Vorgehen bei der Entwicklung eines Critical Incidents ist im Abschnitt 5.2 beschrieben.

5.2 CIs formulieren und mit ihnen arbeiten

Das sieben Schritte umfassende Vorgehen bei der Konstruktion eines Critical Incidents im Sinne von Grosch und Groß (2005, S. 246 f.) sowie Wight (1995, S. 130) ist in Tabelle 3 beschrieben. Es empfiehlt sich, pro Fall vier bis sieben Fragen zu formulieren bzw. auszuwählen, die für das interkulturelle Lernen und verantwortungsvolle Handeln in der Flüchtlingshilfe besonders passend sind (zur fragegestützten Analyse interkultureller Situationen s. auch Cohen-Emerique, 2006 und Institut für den Situationsansatz, 2007).

Tab. 3: Vorgehen bei der Konzeption eines Critical Incidents
(in Anlehnung an Franzke & Shvaikovska, 2016, S. 38f.)

1:	**Ideen finden** **Anknüpfungspunkte für CIs:** eigener Wissens- und Erfahrungsschatz, Erfahrungsberichte von Anderen, Medienbeiträge, Dokumentationen usw. **Anforderungen an CIs:** praxis- und realitätsnah, dicht an der (ehrenamtlichen) Arbeit mit Geflüchteten
2:	**Thema / Problem formulieren** **Wahl des Formats / Art der Fallbeschreibung** (Kombinationen sind möglich) 2.1 *Dialog:* Ereignisse in wörtlicher Rede 2.2 *Kurze Fallbeschreibungen / Situationsskizzen* 2.3 *Konfliktszenario:* Wiedergabe eines Konfliktes 2.4 *Weiteres Material:* Foto, Zeitungsausschnitt usw.

Beschreibung der Situation und Formulierung des Titels

3-6: Personen, Kontext und Handlungen beschreiben
Eigennamen sind zu anonymisieren

3: **Titel formulieren**, z. B. in Form eines Zitats

4: **Handelnde Personen festlegen**
max. 3 bis 4 Personen, Alter, Beruf, Geschlecht, Hintergrund, Namen

5: **Kontext beschreiben**
Ort und Zeit, Umstände

6: **Handlungen beschreiben**
Was sagen und tun die beteiligten Personen?

7: **Fragen formulieren**

A Eigenes Erleben und Bezug zu Helfermotiven
- Was sind meine ersten Gedanken? Habe ich schon einmal eine ähnliche Situation beobachtet oder selbst erlebt?
- Was empfinde ich (z. B. Angst, Ablehnung, Enttäuschung)? Was genau verunsichert, befremdet, irritiert oder stört mich?
- Welche meiner Werte, Grundsätze und Helfermotive sind irritiert?

B Entwicklung von Interpretationen
- Was denkt / fühlt Person XY?
- Was weiß ich von der anderen Person? Was ist ihr Bezugssystem?
- Wie sieht sich die Person selbst?
- Welche Gründe kann Person XY haben, so zu handeln?
  → Hypothesenbildung
- Welche Einflussfaktoren sind an der Entstehung der Situation bzw. des Konflikts beteiligt?
  → Versuchen Sie, mehrere Interpretationsmöglichkeiten zu finden: kulturell, personenspezifisch, sozial, flucht- oder migrationsspezifisch, Art und Besonderheiten der Helferbeziehung

C Perspektivwechsel und Empathie
- Was vermute ich, wie die andere Person die Situation erlebt?
- Welcher Handlungsspielraum steht Person XY zur Verfügung?
- Was verstehe ich nicht?

D Entwicklung von Handlungsstrategien, Weiterentwicklung der Helferbeziehung
- Was will ich erreichen?
- Welche Fragen möchte ich stellen?
- Was kann ein gemeinsames Feld („Zwischenraum“) sein, in dem jeder seine Identität bewahrt und gleichzeitig den Weg des Anderen betritt?
- Was sind konkrete Schritte? Was würde ich Person XY empfehlen?

E Reflexion grundsätzlicher Fragen im Ehrenamt und in der Flüchtlingshilfe
- Inwieweit handelt es sich bei dem kritischen Ereignis um ein Grundproblem im Ehrenamt bzw. in der Flüchtlingshilfe?

Themen und Inhalte von Critical Incidents in der ehrenamtlichen Flüchtlingshilfe

Ehrenamtliche Flüchtlingshelferinnen und -helfer setzen sich mit einer Vielfalt an Themen auseinander. Diese werden sich in den später dargestellten Fallbeispielen wiederfinden.

1. **Vielfalt und Zusammenleben in einer Einwanderungsgesellschaft**
   - individuelle und gesellschaftliche Chancen und Herausforderungen infolge von Zuwanderung
   - Erfolgsfaktoren für die Verständigung in der Flüchtlingsarbeit, Kommunikation / Gespräche mit Geflüchteten
   - Drei-Schritte-Methode zur Analyse und zum kreativen Umgang mit Critical Incidents

2. **Interkulturelle, flucht- und migrationsspezifische Aspekte**, welche die Empathie und das Verständnis für Zugewanderte fördern, z. B.
   - Lebenssituation, Stereotypisierung, gesellschaftliche Teilhabe und Ausgrenzungsprozesse von Geflüchteten, Bilder über Geflüchtete in der Aufnahmegesellschaft, Kriegs- und Fluchtfolgen
   - „Stolpersteine“, die im interkulturellen Kontakt zu Missverständnissen führen können (z. B. Unterschiede im Zeitverständnis oder in Kommunikationsstilen)
   - Kulturschockphänomene und Anpassungsprozesse
   - Strukturen in der Aufnahmegesellschaft

3. **Reflexion des Helfens und von Helferbeziehungen**
   - Sich einlassen und Loslassen, Nähe und Distanz im Umgang mit Geflüchteten
   - Geben und Nehmen, Macht und Ohnmacht sowie Abhängigkeiten in Helferbeziehungen
   - Helfermotivation und Argumente für ehrenamtliches Engagement
   - Erwartungen und Rollen in der ehrenamtlichen Flüchtlingshilfe: eigener Anspruch und Erwartungen anderer
   - Offenheit für neue Erfahrungen und Grenzen setzen
   - Selbstfürsorge und Entlastung

4. Reflexion des gesellschaftlichen Umfelds

- Auseinandersetzung mit Argumenten und Gegenargumenten im Kontext Zuwanderung, z. B. Umgang mit polemischen Reaktionen auf ehrenamtliches Engagement in der Flüchtlingshilfe aus der Aufnahmegesellschaft
- Umgang mit Behörden und Hauptamtlichen im Kontext der Flüchtlingshilfe

Stellenwert von Critical Incidents in der Fort- und Weiterbildung für Ehrenamtliche in der Flüchtlingshilfe: Ergänzend oder ausschließlich?
Um die oben genannten Themen und Inhalte aufzugreifen, sollten Critical Incidents den Kern von Fort- und Weiterbildungen für Ehrenamtliche bilden. Ganz ohne kognitive Wissensvermittlung wird aber ein solches Seminar nicht auskommen. Beispielsweise sollten mögliche Kulturunterschiede, Kulturschockphänomene oder das Drei-Schritte-Modell zur Analyse interkultureller Überschneidungssituationen nicht nur am Fallbeispiel veranschaulicht werden. Vorab oder nach einem Critical Incident kann und sollte das Thema noch einmal zusammenhängend dargestellt werden. Insofern sind Critical Incidents als ergänzende und nicht ausschließliche Methode zu verstehen und einzusetzen. Erfahrungsgemäß können 50 bis 70 Prozent der Seminarzeit mit Critical Incidents gestaltet werden.

Weiterhin sollten bei der Entwicklung und Umsetzung von CIs folgende Aspekte beachtet werden:

Art der Fallbeschreibung
Für die Darstellung der CIs schlagen Leenen und Grosch (2000) unterschiedliche stilistische Formen vor. Beim „Kulturdialog“ (S. 333) wird das Gesagte zwischen den beteiligten Personen in wörtlicher Rede wiedergegeben, auf weitere beschreibende Elemente (Vorgeschichte, Rahmenbedingungen, nonverbale Kommunikation) wird verzichtet. Davon zu unterscheiden ist die „kurze Fallbeschreibung“ (S. 343), die versucht, das konfliktträchtige Geschehen möglichst kurz und prägnant zu schildern. Das „Konfliktszenario“ (S. 343) ist die komplexeste Form, da hier versucht wird, die Entwicklung des Konfliktes durch vorangegangene Interaktionen, ähnlich einer Fallstudie, zu beschreiben. Als weiteres Material können Fotos, Zeitungs- und Filmausschnitte herangezogen werden. Es ist sinnvoll, eine Mischung aus allen vier Darstellungsformen zu wählen.

Beschreibung von Personen und Kontext

Nach Möglichkeit sollten in die Fallbeschreibung alle Elemente aufgenommen werden, die für ein optimales Fallverständnis nötig sind. Dazu gehören die beteiligten Akteurinnen und Akteure, der soziale Kontext sowie der Anlass der Interaktion, wichtige Hintergrundinformationen zu den Beteiligten (Alter, Geschlecht, berufliche Tätigkeit, Motivation, möglicher Flucht- / Migrationshintergrund usw.) und schließlich zu vorhergehenden Geschehnissen, die für den CI relevant sein könnten (Beziehung der Beteiligten zueinander, vergangene Konflikte usw.).

Handlungsmotive

Die Beteiligten handeln in der Regel nicht in schlechter Absicht. Handlungsmotive von Akteurinnen und Akteuren in einer Situation sind ganz allgemein nur unzureichend erkennbar. Es bedarf des Dialogs, um diese zu erschließen. Entsprechend werden Motive in den Critical Incidents nicht immer explizit benannt, sondern müssen mitunter durch die Lernenden hypothetisch herausgearbeitet werden.

Komplexitätsreduktion und Kürze

Die Fallbeschreibung einschließlich der Fragen sollte eine halbe bis maximal eine Seite lang sein. Beruht die Geschichte auf tatsächlichen Geschehnissen, so dürfen die Sachverhalte zwecks Komplexitätsreduktion gekürzt und Unwesentliches darf weggelassen werden. Aus didaktischen und Zeitgründen sollten die kritischen Interaktionen möglichst kurz und prägnant dargestellt werden. Dialogelemente an passender Stelle aufzunehmen, ist sinnvoll, da bestimmte Kommunikationsstörungen auf diese Weise am besten zum Ausdruck kommen. Aber auch hier ist darauf zu achten, nur Dialogausschnitte zu wählen, die für das Verständnis essenziell sind. Interkulturelle Situationen sind gerade in helfenden Beziehungen durch hohe Komplexität und die enge Verzahnung vieler Einflussfaktoren gekennzeichnet. Ein CI kann und will niemals den Anspruch erfüllen, alle Faktoren, die in eine Interaktionssituation hineinspielen, zu berücksichtigen. Es geht vielmehr darum, ausgewählte Facetten erkennbar zu machen und die Vielschichtigkeit der Interaktion auf praktikable Weise herunterzubrechen.

Anonymisierung

Eigennamen sind unbedingt zu anonymisieren.

Fragen
Es sind vier bis maximal sieben Fragen zu formulieren, die sinnvoll sind, um den Fall zu analysieren (s. Tab. 3). Am Beginn kann eine Frage (A) stehen, die sich auf das eigene Erleben und die Helfermotivation bezieht, eine zweite (B) auf die Entwicklung von Erklärungen oder Interpretationen, eine dritte (C) soll zum Perspektivwechsel und eine vierte (D) zur Handlungsstrategie gestellt werden. Zwischendrin sollte noch eine Frage zur Reflexion der Helferbeziehung vorkommen. Die Fragen sind fallspezifisch zusammenzustellen. Am Ende können noch Fragen zu grundsätzlichen Aspekten der (ehrenamtlichen) Flüchtlingshilfe platziert werden (E).

Auswertungsprozess in der Gruppe
Didaktisch gesehen beschäftigen sich die Teilnehmenden in interkulturellen Trainings nach dem Vorstellen eines CIs zunächst in Einzelarbeit mit der Aufgabenstellung und machen sich stichwortartig Notizen zum jeweiligen Fall. Nach ca. fünf Minuten kann zu einem Austausch in einer Kleingruppe (drei bis fünf Personen) übergegangen werden, bei dem die verschiedenen Perspektiven und Lösungsansätze zusammengetragen und diskutiert werden. Anschließend werden die Ergebnisse der Fallanalyse in der Gesamtgruppe präsentiert und es werden Bezüge zu den theoretischen Konzepten oder Erfahrungswerten anderer in der Gruppe hergestellt (vgl. Wight, 1995, S. 131 ff.).

In solchen Gruppendiskussionen können auch ethnozentrische Ansichten der Teilnehmenden im Sinne des Modells von Bennett und Bennett (s. Abschnitt 4.1) aufgedeckt und in der Gruppe thematisiert werden. Durch den Austausch mit Anderen werden Fehlannahmen oder blinde Flecken aufgedeckt und reflektiert (vgl. Wight, 1995, S. 131). Dies fördert auch die Selbstkompetenz und interkulturelle Kreativität im Sinne Krewers (s. Abschnitt 4.1).

Es hat sich auch bewährt, aus einzelnen CIs Rollenspiele abzuleiten, wie es beispielsweise Podsiadlowski (2007) vorschlägt. So können die Lernenden in einem geschützten Rahmen Handlungs- und Reaktionsmöglichkeiten erproben und durch Rollenwechsel deren Wirkungsweisen wahrnehmen. Dies fördert Empathie und die Fähigkeit, sich in die Lebenswirklichkeit unterschiedlicher Menschen hineinzuversetzen.

In einer Großgruppe können mehrere CIs parallel erörtert werden. Für die Bearbeitung eines CIs entlang der drei Phasen (Einzelarbeit, Kleingruppenarbeit, Präsentation in der Großgruppe) sollten 30 bis 45 Minuten eingeplant werden. Es ist auch denkbar, die CIs in der Gesamtgruppe Ehrenamtlicher zu bearbeiten, sofern es nicht mehr als 12 Teilnehmende sind. Die Fragen können ggf. sukzessive beantwortet werden. Die Referentin oder der Referent moderiert dann den Austausch.

Lernen im Selbststudium

CIs können in Gruppen, aber darüber hinaus auch im Selbststudium bearbeitet werden. Bereits die Lektüre wirkt sich positiv auf interkulturelle Sensibilität und die Reflexion von Helferbeziehungen aus.

Lösungen zu den Fällen

Für die CIs sollte keine Musterlösung entwickelt werden. Diese versperren den Blick auf interessante Perspektiven. Ferner könnte im Nachhinein bei den Teilnehmenden der Seminare der Eindruck entstehen, sie hätten nicht die „richtige" Lösung gefunden, was Gefühle der Frustration auslösen würde. Dies gilt im Besonderen auch, weil interkulturelles Lernen ein individueller Prozess ist und keine rezeptartigen Handlungsanweisungen produziert werden sollen. Musterlösungen bergen stets die Gefahr, als einzig gültige Lösung angesehen zu werden und eben genau diesen Rezeptcharakter zu erlangen.

Von den Teilnehmenden eingebrachte Situationen

Die Lernenden sollten im Rahmen der Erwachsenenbildung die Gelegenheit erhalten, Situationen aus dem eigenen Erfahrungshorizont einzubringen, wobei sie gegebenenfalls der Anleitung und Hilfestellung durch die Trainerin oder den Trainer bedürfen. Eigene Erfahrungen können auch vor Beginn der Lerneinheit bei der Referentin oder dem Referenten eingereicht und hinsichtlich der CI-Technik aufbereitet werden. Zusätzlich ist es ratsam, dass sich die Referentin oder der Referent sehr gut mit dem Handlungsfeld „Flüchtlingshilfe" vertraut macht und erfolgskritische Situationen im interkulturellen Kontext erhebt. Dies gelingt entweder durch Hospitationen, Experteninterviews und (oder) Fachliteratur, Dokumentenanalyse und Ähnliches.

Gruppengröße und -zusammensetzung

Vermittlerinnen und Vermittler interkultureller Kompetenzen und Anbieter von Qualifikationsmaßnahmen für Ehrenamtliche arbeiten mit sehr unterschiedlichen Gruppengrößen. In der Fort- und Weiterbildung von Ehrenamtlichen sollte die maximale Teilnehmerzahl zwölf betragen, denn erfahrungsgemäß haben die Engagierten ein hohes Mitteilungsbedürfnis.

Die Fallbeispiele können in kulturell homogenen, aber auch heterogenen Gruppen verwendet werden. In kulturell gemischten Gruppen können die Betreffenden individuelle, ungewohnte und neue Perspektiven in die Interpretation von CIs einbringen. Sofern dies der Fall ist, stellen diese Impulse eine große Bereicherung dar.

Teilnehmerkreis: Haupt- und Ehrenamtliche gemeinsam oder getrennt? Sofern die Beziehung zwischen haupt- und ehrenamtlichen Helferinnen und Helfern nicht durch aktuelle akute Konflikte überlagert ist, ist es sinnvoll, beide Gruppen in ein und derselben Qualifizierung zusammenzubringen. Der Austausch ist in der Regel perspektiverweiternd, zumal die Aufgaben und Rollen zwischen Haupt- und Ehrenamtlichen fließend sind: Viele bezahlte Helferinnen und Helfer haben vor ihrer jetzigen Tätigkeit ehrenamtlich gearbeitet und kennen diese Rolle nur zu gut. Oder sie bleiben nach Ende ihrer offiziellen Arbeitszeit weiter am Ort und sind nun ehrenamtlich tätig.

5.3 Chancen und Kritik

Die in diesem Buch beschriebenen CIs können in verschiedener Hinsicht Weiterbildungen für haupt- und ehrenamtliche Helferinnen und Helfer in der Flüchtlings- und Migrationsarbeit flankieren.

Bei der Gestaltung interkultureller Qualifizierungen gilt für das Lernkonzept: „Je näher ein Training an der interkulturellen Situation der Teilnehmer konzipiert wird und je spezifischer es auf die Aufgabe und das Unternehmen abgestimmt ist, desto erfolgversprechender ist es“ (Podsiadlowski, 2007, S. 147).

CIs haben den Vorteil, dass sie an die Erfahrungen von ehrenamtlich Engagierten direkt anknüpfen und eine Reflexion von Emotionen und Erfahrungen ermöglichen. Sie sind nicht so aufwendig und anspruchsvoll wie kollegiale Fallberatung (vgl. z. B. Brinkmann, 2013; Tietze, 2009) oder Supervision, sondern viel niederschwelliger – zumal entsprechende Angebote von Ehrenamtlichen oft nicht verstanden und folglich nicht angenommen werden.

Fallbeispiele werden von den Teilnehmenden interkultureller Trainings meist positiv aufgenommen. Bertallo, Hettlage, Perez, Reppas-Schmid,

Scherer, Strickler, Thomas und Toh (2004) bezeichnen die Arbeit mit CIs als „kurzweilig und effizient“ (S. 31). CIs machen bewusst, dass oft Kleinigkeiten im Alltag Schwierigkeiten und Missverständnisse auslösen.

Geschichten zu erzählen ist ferner eine uralte Form des Lernens und der Wissensvermittlung; sie ist den Menschen sehr vertraut. Layes (2007) bezeichnet Critical Incidents als „mächtigste Methode (...) zur Initiierung interkultureller Lernprozesse“ (S. 386). In einer Weiterbildung für Ehrenamtliche sollte die Arbeit mit Critical Incidents jedoch keinesfalls auf interkulturelle oder migrationsspezifische Aspekte begrenzt sein, sondern auch Helferbeziehungen und verantwortungsvolles Handeln in den Blick nehmen.

In den Chancen von CIs liegen zugleich auch deren Grenzen: Die Szenarien sind oft sehr situationsspezifisch angelegt und können nur bedingt auf andere Situationen übertragen werden (vgl. Grosch & Groß, 2005, S. 248f.). Auch dann, wenn kulturelle Herkunft und Situation ähnlich sind, kann eine andere Person in ihrer Persönlichkeit, ihren Vorhaben und ihrer kulturellen Identität ganz anders sein als die Hauptfigur im Critical Incident. CIs bilden insofern immer nur einen Ausschnitt der Wirklichkeit ab.

6. Vorbemerkungen zur Fallsammlung

Dieses Kapitel geht auf die Herkunft und Auswahl der Fälle sowie die verwendeten Begrifflichkeiten ein.

Herkunft und Auswahl der Fälle

Die Fälle wurden danach ausgewählt, dass sie authentisch sind und bei den in der Flüchtlingshilfe Engagierten Wiedererkennungseffekte auslösen. Bei der Auswahl sollen sich die im Abschnitt 5.2 genannten Themen und Inhalte widerspiegeln.

Die Critical Incidents wurden in Kooperation mit ehrenamtlich Engagierten, zivilgesellschaftlichen Organisationen, Kommunen und Geflüchteten entwickelt und erprobt.

Einige Fälle wurden für Seminare und durch den Einsatz in der Fortbildung optimiert. Sie werden hier in aktualisierter Fassung wiedergegeben. Sämtliche Eigennamen wurden anonymisiert, indem die tatsächlichen Namen durch fiktive ersetzt wurden.

Die Erhebung der 30 Critical Incidents fand zwischen 2015 und 2017 durch Beobachtung und Befragungen seitens der Autorin statt. Sie erfolgte in Seminaren und auf Fachtagungen für Ehrenamtliche in der Flüchtlingshilfe, in Abschlussarbeiten an der Fachhochschule für öffentliche Verwaltung NRW, bei Hospitationen und Gesprächen mit Geflüchteten und Helferinnen und Helfern in Asylunterkünften, über Interviews mit Haupt- und Ehrenamtlichen oder im Zuge von Bedarfsanalysen für interkulturelle Qualifizierungen.

Die Situationen beziehen sich auf Ereignisse in unterschiedlichen Bundesländern und kommen aus Kommunen mit und ohne Erstaufnahmeeinrichtung. Die Geflüchteten in manchen CIs sind erst wenige Tage oder Wochen in Deutschland. In anderen Situationen leben sie bereits in Übergangsheimen oder eigenen Wohnungen. Entsprechend unterschiedlich gestalten sich die Beziehungen zwischen den Ehrenamtlichen und Geflüchteten: Sie variieren von eher sporadischen, kurzfristigen Kontakten bis hin zu langfristigen Patenschaften.

Begrifflichkeiten

Worte schaffen Realitäten. Bezeichnungen werten und sind nicht neutral. Im Themenfeld Zuwanderung sind Bezeichnungen und Begriffe in besonderer Weise gesellschaftspolitischen Entwicklungen ausgesetzt. Die Suche nach geeigneten Bezeichnungen für Phänomene der Ein- und Zuwanderung steht dabei noch am Anfang.

Wer zum Thema Migration schreibt, drückt häufig schon durch die Wahl seiner Begriffe politische Einstellungen aus. Das vorliegende Buch verfolgt keinerlei politische Absichten außer dem Anspruch, Menschen in der Flüchtlingshilfe dabei zu unterstützen, eine Verständigung zu erzielen. Die verwendeten Bezeichnungen sollen daher möglichst beschreibend und nicht wertend sein. Neu zugewanderte Personen mit Fluchthintergrund werden in der Regel als „Geflüchtete" bezeichnet, da die Worte „Flüchtling" und „Asylant" negativ besetzt sind. Zusammengesetzte Worte wie beispielsweise „Flüchtlingshilfe" bleiben aber bestehen, um den Lesefluss aufrechtzuerhalten.

Bei der Benennung der Geflüchteten in den Fallbeispielen wurde folgender Weg gefunden: Personen unter 18 Jahren werden mit Vornamen bezeichnet, Personen ab 18 Jahren mit Nachnamen. Innerhalb der Ehrenamtlichen ist es üblich, dass geduzt wird. Folglich werden die Ehrenamtlichen in der Regel mit Vornamen bezeichnet. Dies soll eine leichtere Identifikation der Lernenden mit den Protagonisten ermöglichen.

In Syrien behalten Frau und Mann nach der Heirat ihre Nachnamen bei. Um einige Fälle nicht unnötig zu verkomplizieren, wird hier für eine Familie manchmal nur ein Nachname verwendet, wohl wissend, dass dahinter zwei verschiedene Namen stehen können.

Bei den Herkunftsländern wurden in der Regel die berichteten beibehalten. Die in den Fallbeispielen beschriebenen Geflüchteten kommen aus Syrien, Afghanistan, dem Irak oder Iran, Eritrea, Somalia und einmal aus der Ukraine. Sie spiegeln damit mehr oder weniger die 2014 bis 2016 dominierenden Asylsuchenden wieder.

Selbstverständnis der Lösungsmuster

Es soll auf das nachvollziehbare Bedürfnis von Lernenden und Lehrenden interkultureller Kompetenz eingegangen werden, Anhaltspunkte zur Interpretation der Fälle an die Hand zu bekommen. Deshalb enthält der vorliegende Band Lösungsskizzen zu den Fällen. Die Auflösungen können den Blick auf bestimmte Aspekte richten, sollten jedoch je nach Handlungskontext unterschiedlich betrachtet und gewichtet werden. Ein solches Vorgehen lässt Neugier und Kreativität in der Bearbeitungs- und Herangehensweise zu.

7. Fallbeispiele / Critical Incidents

Fall 1: „Das sind Brüder" – Anrufe beunruhigen eine Ehrenamtliche

Trhas ist 18 Jahre und zusammen mit ihrem Vater aus Eritrea geflüchtet. Seit einem Jahr leben die beiden in einer Asylunterkunft, wo sie die Ehrenamtliche Isabel, 24 Jahre und Biologie-Studentin, kennengelernt haben. Isabel beobachtet, dass Trhas insbesondere abends und nach deren Aussage auch nachts viele Anrufe auf ihrem Handy erhält (mehrere in einer Stunde). Auf die Frage, wer sie anruft, antwortet Trhas: „Das sind Brüder." Trhas bittet darum, in die Großstadt XY umziehen zu dürfen. Sie erhält dafür die Erlaubnis. Isabel beunruhigt dieser Gedanke.

Fragen

1. Was geht Ihnen als Erstes durch den Kopf?
2. Weshalb ist Isabel beunruhigt?
3. Was vermuten Sie über die (Lebens-)Situation und kulturelle Orientierung von Trhas?
4. Was vermuten Sie, wer die Anrufer sind?
   Was motiviert Trhas, die Anrufe anzunehmen?
5. Weshalb möchte Trhas in die Großstadt XY umziehen?
   In welchem Zusammenhang kann dies mit den Anrufen stehen?
   Was erwartet sie dort?
6. Was empfehlen Sie Isabel, wie sie mit der Situation umgehen kann? Was sollte sie tun?

Lösungsmuster

Zu 1: Individuelle Lösung.

Zu 2: Isabel ist beunruhigt, weil sie nicht weiß, wer Trhas abends und nachts in dieser Häufigkeit anruft und was die Menschen von ihr wollen. Es könnte eine einzelne Person sein, doch Trhas deutet an, dass es wohl mehrere sind. Nach Aussage der Geflüchteten sind offenbar mehrere Männer daran interessiert, mit ihr in Kontakt zu treten. Dies macht Isabel misstrauisch und könnte in ihr die Vermutung nach sexuellen Beziehungen bzw. Interessen, unter Umständen mit ausbeuterischen Absichten, aufkommen lassen.

Zu 3: Trhas ist mit 18 Jahren eine junge Frau, die mit ihrem Vater aus Eritrea geflüchtet ist. Vermutlich haben die beiden Familienangehörige in ihrem Herkunftsland oder während der Flucht zurückgelassen. Das bisher vertraute, Sicherheit und Orientierung verleihende System (Familie, Nachbarschaft) ist damit nicht mehr gegeben.

Die Familie hat eine gute Bleibeperspektive. Möglicherweise besuchen Trhas und ihr Vater einen Deutschkurs oder Trhas geht sogar in eine deutsche Schule. Sehr wahrscheinlich wird Trhas schneller und besser Deutsch lernen als ihr Vater. Ob der Vater damit in eine ihr untergeordnete Position gedrängt wird und welchen Einfluss er auf seine Tochter hat, geht aus dem Fall nicht explizit hervor. Von ihrer Sozialisation in Eritrea aus betrachtet, stellt der Vater jedoch für Trhas eine wichtige Respektsperson dar (hohe Machtdistanz).

Zu 4: Die Anrufe gehen von unterschiedlichen Männern aus („Das sind Brüder“), zu denen Trhas in einer freundschaftlichen und (oder) anderweitig durch Nähe geprägten Beziehung steht. Die Anrufer scheinen Trhas so wichtig zu sein, dass sie das Gespräch mit ihnen sucht bzw. nicht verhindert. In der Fremde kann das ihr ein Heimatgefühl sowie Gefühle von Verbundenheit und Zugehörigkeit verschaffen.

In Eritrea wird der Ausdruck „Brüder“ nicht nur für familiär verwandte Personen genutzt, sondern ganz allgemein für Menschen, denen man sich verbunden fühlt, beispielsweise weil man im gleichen Ort wohnt. Die „Brüder“ werden Trhas genau beobachten und ihr auch Vorschriften machen, was sie tun und lassen soll. Aus der so verstandenen kollektivistischen Orientierung bzw. dem Gruppenzusammenhalt resultiert aber auch eine große wechselseitige Verpflichtung zu helfen. Das ist auch im beschriebenen Fallbeispiel sehr wahrscheinlich: Die „Brüder“ möchten Trhas helfen, und Trhas wird von deren Erfahrungen mit dem Leben in Deutschland profitieren. Der Vater toleriert das kollektivistische Verhalten, unter anderem auch deshalb, weil er sich schwer vorstellen kann, dass er und seine Tochter allein leben. Schlechte Absichten wie Isabel wird er mit hoher Wahrscheinlichkeit nicht vermuten.

Zu 5: Trhas Umzugsgesuch in eine Großstadt kann, aber muss nicht in Zusammenhang mit den Anrufern stehen. Wenn dem so ist, so hat Trhas ein starkes Verlangen, zusammen mit oder in der Nähe der von ihr als „Brüder" bezeichneten Männer zu leben. In der Großstadt ist sie dem Einfluss des Vaters weniger ausgesetzt und wird sich vermutlich neuen Gruppen / Bezugspersonen anschließen.

Zu 6: Isabel sollte über Fragen herausfinden, wer hinter den Anrufen steht und welche Bedeutung die Personen für Trhas haben. Ihre Besorgnis, dass sie in fragwürdige Beziehungen gelangt, kann sie über Ich-Botschaften zum Ausdruck bringen. Im Idealfall wird sie dann mehr über die Personen und ihre Absichten erfahren.

Eventuell sollte sie Trhas auch ermutigen, mit dem Vater über ihre Situation zu sprechen. Letztlich kann Trhas nicht davon abgehalten werden, als Volljährige ihr eigenes Leben zu führen bzw. sich Gruppen mit Menschen aus ihrem Herkunftsland anzuschließen. Vielleicht versucht sie, einerseits die neu gewonnenen Freiheiten und Frauenrollen zu erproben, andererseits die Sicherheit einer schützenden Gruppe weiterhin in Anspruch zu nehmen.

Fall 2: „Nein, der Papa soll mitgehen, da sind zu viele Männer" – Appell an eine 16-Jährige

Stefan, 45 Jahre, tätig als Maschinenbauer in der Automobilindustrie, engagiert sich ehrenamtlich in der Flüchtlingshilfe. Mehrmals in der Woche besucht er einen aus Eritrea stammenden Vater und seine 16-jährige Tochter Merhawit, die seit einigen Monaten eine deutsche Schule besucht und schon etwas deutsch spricht. Aus Sicht Stefans kokettiert sie stark mit ihren weiblichen Reizen: Sie zeigt gegenüber Männern Flirtverhalten und trägt sehr kurze Röcke.

Seit Kurzem haben die beiden Geflüchteten Fahrräder. Als sich der technisch versierte Stefan Merhawits Rad (kein Rücktritt) anschaut, bemerkt er, dass die Bremsklötze abgefahren sind. Es ereignet sich folgender Dialog:

Stefan: „Merhawit, deine Bremsen sind abgefahren. Das musst du unbedingt reparieren lassen, sonst kannst du nicht mehr bremsen."

Merhawit (schaut gelangweilt): –

Stefan: „Geh mit deinem Vater ins Café Asyl, um die Bremsklötze reparieren zu lassen." (zeigt Merhawit die Bremsklötze)

Merhawit: „Da gehe ich allein hin."

Stefan: „Nein, der Papa soll mitgehen, da sind zu viele Männer."

Merhawit: „Da gehe ich allein hin!"

Stefan ist besorgt.

Fragen

1. Was geht Ihnen hier als Erstes durch den Kopf?
2. Weshalb ist Stefan besorgt? Welche seiner Werte sind berührt? Was gibt Stefan in der Aussage „Nein, der Papa soll mitgehen, da sind zu viele Männer" über sich selbst zu verstehen? Welches Selbstverständnis hat er von seinem Ehrenamt?
3. In welcher Beziehung stehen Stefan, Merhawit und ihr Vater? Handelt es sich um eine Beziehung auf Augenhöhe?
4. Wie ist Merhawits Aussage „Da gehe ich allein hin" gemeint? Was sagt Merhawit über sich selbst aus? Welche Appelle sendet sie?
5. Was empfehlen Sie Stefan, wie er mit der Situation umgehen kann?

Lösungsmuster

Zu 1: Individuelle Lösung.

Zu 2: Stefan ist besorgt, dass Merhawit mit ihrem Verhalten und ihrem Aussehen bei den im Café Asyl befindlichen Männern sexuelle Absichten wecken könnte. Er möchte Merhawit vor sexuellen Ansprachen oder gar Belästigungen schützen. Der Vater soll seine Tochter in den Laden begleiten, um Übergriffe und Ähnliches von ihr abzuwehren. Stefans Wert nach Schutz einer auf ihn naiv wirkenden jungen Frau ist berührt. Er sieht seine Rolle als Ehrenamtlicher unter anderem darin, Merhawit vor den sexuellen Interessen anderer Männer zu bewahren.

Zu 3: Stefan, Merhawit und ihr Vater stehen in einer ungleichen Beziehung zueinander. Der Vater ist, was die Kommunikation auf Deutsch angeht, gegenüber seiner Tochter in einer schwächeren Position. Durch den Schulbesuch wird Merhawit bereits mehr Menschen außerhalb des Asylheims als ihr Vater kennengelernt haben. Stefan fungiert als Vermittler zur deutschen Mehrheitsgesellschaft, aber auch als Kümmerer der Familie und „Beschützer" Merhawits. Offenbar hält Stefan den Vater für zu schwach, um sich die Position als Beschützer gegenüber Merhawit selbst einzufordern.

Es muss auch die Frage gestellt werden, ob Stefan von der eritreischen Familie überhaupt als Helfer akzeptiert wird. Menschen aus Eritrea verlassen oft deshalb ihr Land, weil sie unter der ständigen Kontrolle (u. a. durch die Geheimdienste) leiden und dieser entfliehen wollen. Die Rolle von Ehrenamtlichen erleben eritreische Geflüchtete mitunter als unangenehm, da kontrollierend. Ehrenamtliche haben es vor diesem Hintergrund nicht leicht, Akzeptanz zu finden. Vielleicht ist dies auch im vorliegenden Fall gegeben und Stefan nimmt die ihm entgegengebrachte Skepsis nicht wahr.

Zu 4: Hier gibt es mehrere Interpretationsmöglichkeiten:

Eine situative Erklärung wäre, dass sich in Merhawits Aussage „Da gehe ich allein hin" ein großes Bedürfnis nach Autonomie widerspiegelt: Sie möchte ihre Angelegenheit selbst, ohne Vater und Stefan regeln. Ihre gelangweilte Reaktion lässt erkennen, dass sie sich die Organisation der Reparatur des Fahrrads selbst zutraut, eventuell kümmern sie aber auch die abgefahrenen Bremsklötze nicht, da das Fahrrad auch so fährt.

Eine kulturelle Erklärung wäre, dass sie dem Muster einer hohen Machtdistanz folgt und die Reaktion ihres Vaters abwartet, ob er mitgeht oder nicht. Vielleicht hat sie ein Problem, mit dem Vater selbst zu sprechen, weil sie es nicht gewohnt ist, ihre Eltern proaktiv um Erlaubnis zu fragen. Ggf. könnte der Satz „Da gehe ich allein hin" als Vorwand verstanden werden, die Frage nach der Fahrradreparatur nicht ohne ihren Vater zu entscheiden (High-context-Kommunikation).

Zu 5: Stefan sollte seine Rolle in dem Vater-Tochter-System reflektieren und überlegen, welchen Einfluss er auf die beiden hat und bis zu welchem Grad seine Helferrolle zum Wohlergehen der Geflüchteten beiträgt. Sein Handeln kann in bestimmten Situationen als entmündigend erlebt werden und den Vater schwächen. Hier sollte Stefan Grenzen seiner Einflussnahme erkennen und beachten. Er sollte Merhawit eigene Erfahrungen sammeln lassen und sich nach der Reparatur erkundigen. Dass abgefahrene Bremsklötze zu Schäden führen können und er diesbezüglich in Sorge ist, könnte er über Ich-Botschaften kommunizieren.

Um mögliche kulturelle Hemmnisse zu berücksichtigen, sollte Stefan mit dem Vater darüber sprechen, dass er seine Tochter zum Café Asyl begleitet. Es wäre nicht sehr wahrscheinlich, dass Merhawit gegen den Willen des Vaters allein ins Café gehen würde – es sei denn, Merhawit hat sich von kulturellen Mustern und Erwartungen bereits sehr stark gelöst. Würde der Vater negativ entscheiden, das heißt einer Reparatur überhaupt nicht zustimmen, könnte Stefan mit dem Vater darüber verhandeln – vorausgesetzt, er genießt als Helfer Akzeptanz (s. Punkt 3).

Fall 3: „Mach du das für mich" – Ein Geflüchteter hat eine überteuerte Schere gekauft

Hans, 62 Jahre und Rentner, engagiert sich ehrenamtlich in der Flüchtlingshilfe. Mehrmals in der Woche besucht er eine aus Eritrea stammende Familie, die seit anderthalb Jahren in Deutschland lebt. Abraham, der Familienvater (35 Jahre), schneidert gerne und hat im Kaufhaus für 50 Euro eine handelsübliche Schere gekauft. Es ereignet sich folgender Dialog:

Hans: „Abraham, du hast die Schere viel zu teuer gekauft. Bring sie zurück."

Abraham (irritiert, blickt zum Boden): „In Afrika kann man etwas, das man gekauft hat, nicht zurückbringen."

Hans: „In Deutschland geht das. Du hast für die Schere viel zu viel bezahlt."

Abraham (meidet weiterhin Blickkontakt zu Hans): „Was soll ich tun?"

Hans: „Geh mit der Schere zum Kaufhaus und sage, dass du dein Geld zurückhaben möchtest. Du kannst woanders eine Schere für wenige Euros kaufen."

Abraham (ohne Blickkontakt zu Hans): „Mach du das für mich."

Hans ist hin und her gerissen und fragt sich, ob er Abraham begleiten soll.

Fragen

1. Weshalb hält Hans die Schere für zu teuer?
2. Weshalb ist er hin und her gerissen? Welche Handlungsoptionen hat Hans?
3. Wie ist Abrahams Aussage „Mach du das für mich" zu verstehen? Was sagt Abraham über sich selbst aus? Welche Appelle sendet er? Weshalb meidet Abraham Blickkontakt zu Hans?
4. Wie versteht Hans sein Ehrenamt? In welcher Beziehung stehen Hans und die eritreische Familie? Inwiefern beeinflusst dies die Situation?
5. Was empfehlen Sie Hans, wie er mit der Situation umgehen kann? Kann er den Appell zu helfen auch ablehnen?
6. In welchen Situationen Ihrer ehrenamtlichen Arbeit sehen Sie sich dem Konflikt ausgesetzt, ob Sie selbst anpacken oder Hilfe zur Selbsthilfe leisten sollen? Nennen Sie Beispiele und wie Sie in den Situationen gehandelt haben. Überlegen Sie, ob Sie nochmals so handeln würden, wie Sie es getan haben.

Lösungsmuster

Zu 1: 50 Euro für eine handelsübliche Schere hält Hans für einen überzogenen Preis.

Zu 2: Hans ist hin und her gerissen, weil er einerseits den Umtausch mit oder für Abraham erledigen könnte (Optionen 1 und 2), andererseits den Geflüchteten auch anhalten möchte, seine Angelegenheiten selbst zu regeln (Option 3).

Zu 3: Mit der Aussage „Mach du das für mich“ bittet Abraham Hans, dass er den Umtausch der Schere für ihn erledigt. Abraham ist vermutlich unsicher, diese Situation allein anzugehen, da er einen solchen Umtauschvorgang aus Afrika nicht kennt. In Eritrea ist es allenfalls üblich, Ware gegen Ware umzutauschen. Nur wenn sehr höflich darum gebeten würde, bekäme jemand sein Geld zurück. Darüber hinaus kann Abraham Schwierigkeiten haben, sich sprachlich zu verständigen. Er hat wenig Selbstvertrauen hinsichtlich einer solchen Kommunikationssituation auf Deutsch und Angst davor, missverstanden oder ausgelacht zu werden. Mit dem Satz sendet er an Hans das Signal „Ich allein kann das nicht oder traue es mir nicht zu. Hilf mir“.

Dass Abraham den Blickkontakt zu Hans meidet, ist seinen kulturellen Kommunikationsgewohnheiten geschuldet. Hans ist offenbar eine Respektsperson für Abraham, weshalb er aus Höflichkeit nach unten schaut.

Zu 4: Hans hat zu der afrikanischen Familie eine Helferbeziehung aufgebaut, in der er vermutlich stark gibt und die Empfänger dankbar annehmen. Dies ist ein einseitiger, gut eingespielter Vorgang, der sich offenbar zu einer Handlungsroutine entwickelt hat. Die Familie weiß, dass, wenn etwas schwierig ist oder sie ein Problem hat, sie auf Hans' Hilfe bauen kann. In der beschriebenen Situation ist es vermutlich das erste Mal, dass Hans versucht, diesen Automatismus zu durchbrechen. Er stößt damit auf Verunsicherung und Irritation.

Zu 5: Für Hans und die Familie ist die Situation nicht leicht zu bewerkstelligen. Hans hat offenbar das Bedürfnis, dass die geflüchtete Familie eine größere Autonomie entwickelt und ihre Angelegenheiten selbst in die Hand nimmt. Er sollte dieses Selbstverständnis bzw. seine Rollen in der Familie in Ich-Botschaften kommunizieren. Es wäre eine Idee, die Situation des Umtauschs vorab sprachlich und in einem Rollenspiel einzuüben, sodass der Vater eine größere Handlungssicherheit gewinnt.

Zu 6: Individuelle Lösung.

Fall 4: „Kannst du helfen?" – Hilfeersuchen nach einem durch einen Geflüchteten selbst verschuldeten Unfall ohne Fahrerlaubnis

Der 26-jährige Hammoudi ist aus Syrien geflüchtet und lebt seit ein paar Monaten in einer Flüchtlingsunterkunft in Deutschland. Dort engagiert sich Sascha (30 Jahre) ehrenamtlich, indem er mit den Geflüchteten über ihre Belange spricht und sich für die Lösung vieler Alltagsprobleme einsetzt. Heute kommt Hammoudi zu Sascha und berichtet ihm, dass er einen Verkehrsunfall verschuldet hat (Sachschaden ca. 2.000 Euro, kein Personenschaden). Er ist ohne Fahrerlaubnis in Deutschland mit dem Auto eines syrischen Bekannten gefahren. Hammoudi wendet sich an Sascha und fragt: „Kannst du helfen? Ich muss zur Polizei und hier ist noch ein Brief, ich weiß nicht genau von wem." Sascha muss tief durchatmen und zweifelt, ob er diesen Auftrag annehmen soll.

Fragen

1. Was geht Ihnen als Erstes durch den Kopf? Haben Sie schon einmal eine Situation erlebt, dass Sie ein Geflüchteter um Hilfe fragte und Sie Zweifel hatten?
2. Weshalb hat Sascha Zweifel? Welche seiner Werte sind berührt?
3. Was wissen Sie über die (Lebens-)Situation von Hammoudi?
4. Was vermuten Sie, was Hammoudi motiviert, Sascha um Hilfe zu bitten? Was erwartet er von Sascha?
5. Was empfehlen Sie Sascha, wie er mit der Situation umgehen kann? Was sollte er tun? Kann er den Appell zu helfen auch ablehnen? Wie kann er seine Entscheidung dem Geflüchteten vermitteln?

Lösungsmuster

Zu 1: Individuelle Lösung. Viele Ehrenamtliche haben schon einmal erlebt, dass sie von Geflüchteten um eine Hilfeleistung gebeten wurden, bei der sie Zweifel hatten. Es dürfte aber genauso viele Helferinnen und Helfer geben, die dem Verlangen nach jedweder Hilfe unhinterfragt nachkommen.

Zu 2: Sascha zweifelt an, ob er dem beschriebenen Verlangen nach Hilfe nachkommen soll. Möglicherweise sind seine Werte nach Normorientierung und Anpassung verletzt. Eine Erklärung könnte aber auch sein, dass er vielleicht selbst in der Vergangenheit schon einmal Begegnungen mit der Polizei hatte (z. B. bei Demonstrationen oder aufgrund eigener Straffälligkeit), die eine kritische Einstellung oder ein negatives Polizeibild bei ihm hinterlassen haben, und er deshalb Kontakten mit der Polizei aus dem Weg gehen möchte.

Zu 3: Über Hammoudi ist bekannt, dass er zu der Gruppe alleinstehender Männer gehört, die aus Syrien nach Deutschland gekommen ist. Er hat einen syrischen Bekannten, der offenbar über eine Fahrerlaubnis in Deutschland verfügt. Er selbst jedoch hat keine und ist trotzdem Auto gefahren. Ob er aus mangelndem Wissen über rechtliche Standards heraus gehandelt hat oder nicht, darüber kann nur spekuliert werden. Immerhin scheint ihm der Bekannte das Auto überlassen zu haben. Klar ist, dass mit dem Umstand, ein Auto zu besitzen oder ein solches zumindest zu fahren, dem Bedürfnis nach Mobilität, persönlicher Freiheit, Teilhabe und Zugehörigkeit nachgekommen werden kann.

Zu 4: Hammoudi verspricht sich von Sascha, dass er ihm bei dem Kontakt mit der Polizei und der sonstigen Abwicklung des Verkehrsunfalls weiterhilft. Bestimmt hat ihm Sascha in der Vergangenheit bei vielen anderen Problemen weitergeholfen, sicherlich auch bei Behördengängen. Mit Sascha hat er einen Helfer, der gerade bei schwierigen Themen, mit denen Hammoudi sich nicht auskennt, bei denen er unsicher oder überfordert ist, weiterhelfen soll. Hammoudi hat Angst, Fehler im Umgang mit der Bürokratie zu machen.

Darüber hinaus könnte er von Deutschland den Eindruck gewonnen haben, dass es immer jemanden gibt, der einem hilft, wenn man ein Problem hat. Hammoudi könnte annehmen, dass es auch für die Zahlung der 2.000 Euro eine Lösung geben wird.

Hinzu kommt möglicherweise eine kollektivistische Orientierung, wonach die Erwartung besteht, dass man sich unter Freunden mehr oder weniger bedingungslos unterstützt.

Zu 5: Sascha sollte sich darüber bewusst sein, welche seiner Werte und Orientierungsmuster von dem Hilfeersuchen wachgerufen werden und wie er mit seinen Zweifeln umgehen will. Er kann das Hilfegesuch als Vertrauensbeweis werten. Hilft er nicht weiter, könnte ihm Hammoudi das Vertrauen entziehen und die Beziehung wäre beeinträchtigt. Sascha könnte aber auch eine Grenze setzen und Hammoudi klarmachen, dass er hier nicht weiterhelfen kann bzw. will. Eventuell könnte er auch einen Mittelweg gehen und für sich herausarbeiten, in welchen Punkten er Hammoudi in der Situation unterstützen möchte und wobei nicht. Beispielsweise könnte er ihn zur Polizei begleiten, doch würde er ihn nicht in Schutz nehmen, keine Kosten erstatten oder gar anwaltliche Vertretungen übernehmen.

Empfehlenswert wäre sicherlich auch, dass sich Sascha in seinem Konflikt mit einer Koordinierungsstelle für Ehrenamtliche in der Flüchtlingshilfe berät, damit er seine Position finden kann.

Fall 5: Moralische Bedenken – Hilfe bei der Organisation eines Schwangerschaftsabbruchs?

Karoline, 50 Jahre, hat die Patenschaft für Yulia übernommen, eine 35-jährige ukrainische Mutter, die in einem Übergangsheim lebt und auf die Entscheidung über ihren Asylantrag wartet. Yulia kam ohne festen Partner mit ihren vier Kindern (drei, fünf, sieben und zehn Jahre alt von zwei Vätern) nach Deutschland. Derzeit ist sie erneut schwanger. Der Vater ist ein türkischstämmiger verheirateter Mann. Diesen hatte sie in Deutschland flüchtig kennengelernt, nun jedoch hat sie keinen Kontakt mehr zu ihm.

Yulia erwartet von Karoline, dass sie ihr bei der Wohnungssuche hilft und eine Kinderbetreuung organisiert bzw. diese selbst übernimmt. Immer wieder betont Yulia, dass sie das Leben im Übergangsheim als Zumutung empfindet. Die hohe Erwartungshaltung von Yulia erlebt Karoline als schwierig, dennoch ist sie bereit, das ihr Mögliche zu tun.

Heute wendet sich Yulia mit einem besonderen Anliegen an Karoline. Sie berichtet, dass sie ihre Schwangerschaft abbrechen will, und bittet Karoline, ihr einen kompetenten Arzt, einen OP-Termin und die Kostenübernahme zu organisieren. Karoline ist grundsätzlich gegen Schwangerschaftsabbrüche bzw. kann diese nur in ganz besonderen Fällen zulassen, beispielsweise wenn die Schwangerschaft aus einer Vergewaltigung hervorgegangen ist. Karoline ist über Yulias Anliegen schockiert und unsicher, wie sie ihre Ablehnung kommunizieren soll.

Variante:

Die geflüchtete Frau kommt aus einem muslimischen Land, zum Beispiel aus dem Iran.

Fragen

1. Was geht Ihnen als Erstes durch den Kopf? Haben Sie schon einmal eine Situation erlebt, in der eine geflüchtete Person eine Erwartung an Sie stellte, die Sie aus moralischen Gründen nicht erfüllen konnten oder wollten?
2. Wie hat sich die Beziehung zwischen Karoline und Yulia entwickelt?
3. Weshalb ist Karoline über das Anliegen von Yulia schockiert?

4. Wie ist die Lebenssituation von Yulia? Welchen Stereotypen über osteuropäische Frauen entspricht sie? Wie bewerten Sie ihre Lage?
5. Wie erklärt es sich, dass Yulia an Karoline das Anliegen richtet, sie bei der Organisation des Schwangerschaftsabbruchs zu unterstützen?
6. Was empfehlen Sie Karoline, wie sie ihre Haltung und Ablehnung Yulia kommunizieren kann? Sollte die Patenschaft bestehen bleiben? Wie könnte diese ggf. weiter gestaltet werden?
7. Inwieweit würde sich die Bewertung der Geflüchteten und ihrer Situation ändern, wenn sie – wie in der Variante geschildert – aus einem muslimischen Land käme?

Lösungsmuster

Zu 1: Individuelle Lösung. Das Aushandeln von Erwartungen sowie der wechselseitige Umgang damit sind zentrale Elemente in ehrenamtlichen und hauptberuflichen Helferbeziehungen. In die Beziehungen spielen die moralischen Maßstäbe der Beteiligten mit hinein.

Zu 2: Unklar ist, wie sich Yulia und Karoline kennengelernt haben. Klar ist hingegen, dass Yulia konkrete Erwartungen an Karoline stellt, insbesondere was die Bereiche Wohnungssuche und Kinderbetreuung betrifft. Die Erwartung könnte so gemeint sein und von Karoline so verstanden werden, dass Yulia von der Ehrenamtlichen fordert, ihr eine passende Wohnung zu suchen und die Kinderbetreuung zu regeln. Karoline hat ein Problem mit dieser Erwartungshaltung, behält die Beziehung jedoch bei und verspricht, ihr Möglichstes zu tun. Eventuell könnte Yulia dies als mangelndes Engagement interpretieren und deshalb, ähnlich wie Karoline, bereits vor dem Hilfegesuch im Kontext der Schwangerschaft die Beziehung als beeinträchtigt erleben.

Zu 3: Karoline ist über Yulias Anliegen, sie bei der Organisation des Schwangerschaftsabbruches zu unterstützen, schockiert, da sie ein solches Handeln aus moralischen Gründen ablehnt. Für sich selbst könnte Karoline keinen Schwangerschaftsabbruch vertreten. Einen Abbruch aus persönlichen oder sozialen Gründen lehnt sie ab.

Zu 4: Yulias Lebenssituation entspricht **einerseits nicht dem Klischee** geflüchteter Frauen: Sie kommt aus keinem muslimischen, sondern osteuropäischen Land. Yulia ist nur mit ihren Kindern und ohne Partner eingereist. Ihre Kinder sind von zwei Vätern – unklar ist, ob sie mit ihnen eine feste Beziehung hatte oder eine Ehe eingegangen war. Ihre Lebensweise ist durch wechselnde Partner geprägt und steht in Einklang mit ihren persönlichen und ggf. religiösen Wertvorstellungen: Denn alles deutet darauf hin, dass das, was sie tut, mit ihren Überzeugungen vereinbar ist.

Andererseits erfüllt Yulia einige stereotype Merkmale, die in Westeuropa über osteuropäische Frauen verbreitet sind. Demnach sind diese recht freizügig, lassen sich leicht auf sexuelle Beziehungen ein oder gehen gar der Prostitution nach. Menschen aus Osteuropa wird auch ein gewisses Anspruchsdenken unterstellt – was Yulia ebenfalls zugeschrieben werden könnte.

Yulias Lebenssituation weicht von derjenigen der meisten Frauen in Flüchtlingsunterkünften ab, die in der Regel an einen Ehemann gebunden sind.

Zu 5: Für Yulia ist Karoline eine praktische Helferin: Sie kann die deutsche Sprache, kennt sich mit den Strukturen in Deutschland aus und ist bereit, sie tatkräftig zu unterstützen. In Osteuropa ist es üblich, dass sich Menschen, die in einer relevanten Beziehung zueinander stehen, untereinander weiterhelfen (kollektivistische Orientierung). Man teilt viele Geheimnisse und setzt sich sehr stark füreinander ein, auch in vielen privaten und sehr persönlichen Angelegenheiten. Es könnte sein, dass Yulia dieses kulturelle Muster auf Karoline überträgt.

Ergänzt werden sollte, dass Schwangerschaftsabbrüche in Osteuropa (ausgenommen Polen) – ähnlich wie in der früheren DDR – lange Zeit ein deutlich weniger moralisch besetztes Thema gewesen sind als in Westdeutschland. In die Einstellung gegenüber einem Schwangerschaftsabbruch fließt mitunter noch die zu Zeiten der Sowjetunion übliche Praxis ein, mit Schwangerschaftsabbrüchen „locker" umzugehen.

Nicht selten sehen Frauen in Osteuropa einen Abbruch als selbstverständlichen Schritt bei einer ungeplanten Schwangerschaft an. Genauso üblich ist es aber auch, eine ungeplante Schwangerschaft zu Ende zu führen und sich mit der Situation irgendwie zu arrangieren. Heute existieren in der Ukraine allerdings Gesetze, welche die Voraussetzungen für den Schwangerschaftsabbruch ähnlich regeln wie in Deutschland.

Hier noch ein paar Informationen zur Finanzierung von Verhütungsmitteln und Schwangerschaftsabbrüchen bei Asylsuchenden: Frauen im Asylverfahren bekommen nach den aktuellen Bestimmungen in Deutschland (01.10.2017) keine Verhütungsmittel erstattet. Aufwendungen hierfür müssen sie ggf. selbst tragen. Schwangerschaftsabbrüche werden jedoch für Bezieherinnen von Leistungen nach dem Asylbewerbergesetz finanziert, die Kosten hierfür werden von den jeweiligen Ländern übernommen.

Zu 6: Karoline sollte auf keinen Fall aus falsch verstandenem Eifer oder einer falsch verstandenen Helferbeziehung der Bitte nach Hilfe bei der Organisation des Schwangerschaftsabbruchs nachkommen. Ein solches Gesuch widerspricht ihren eigenen Werthaltungen und sie würde sich vermutlich später große Vorwürfe machen.

Stattdessen sollte Karoline versuchen, über Ich-Botschaften Yulia ihre Vorstellungen zu erklären. Es wird nicht leicht, aber auch nicht unmöglich sein, Yulia davon zu überzeugen, dass die ausgeschlagene Hilfeleistung nicht gegen sie persönlich gerichtet ist. Karoline könnte auch ein alternatives Hilfsangebot vorschlagen, zum Beispiel eine Beratungsstelle. Falls sie es verantworten kann, könnte sie für Yulia dort einen Termin ausmachen, mehr aber auch nicht.

Inwieweit die Patenschaft nach dem Abbruch fortgesetzt werden kann oder sollte, hängt davon ab, wie sich die Beziehung zwischen den beiden fortan gestaltet. Die dargestellte Situation könnte zum Anlass genommen werden, dass Yulia und Karoline ihre Beziehung zueinander grundsätzlich noch einmal klären und sie gemeinsam entscheiden, wie ihr Konsens aussieht und ob dieser in der Zukunft tragfähig ist.

Überlegenswert ist, ob die Helferbeziehung weiterhin so einseitig wie in der Vergangenheit ausgerichtet bleibt oder ob Yulia bereit und interessiert ist, mehr Autonomie zu entwickeln und (oder) auch Karoline bei Alltagsfragen zu unterstützen.

Variante

Zu 7: Käme die Ratsuchende aus einem muslimischen Land, wäre das Hilfegesuch sehr außergewöhnlich, denn es entspräche überhaupt nicht dem Klischee über Frauen aus muslimischen Ländern. Es wird die Frau viel Kraft gekostet haben, sich von gesellschaftlichen und religiösen Vorstellungen zu emanzipieren und diesen Schritt zu gehen. Auch ihre Lebensweise wäre sehr unüblich. Eine Hypothese wäre, dass eine muslimische Frau in dieser Situation eine hohe Autonomie hat und es gewohnt ist, mit gesellschaftlichen Konventionen zu brechen und die Reaktionen darauf auszuhalten. Die Geflüchtete könnte Karoline als altmodisch und wenig emanzipiert ansehen. Es wäre ggf. interessant, dass die beiden Frauen über ihre Selbstbilder sprechen und mehr voneinander erfahren. Dass Karoline dem Hilfegesuch nicht nachgehen könnte, daran würde sich jedoch im Vergleich zu dem zuvor geschilderten Fall nichts ändern.

Fall 6: „Meine Tochter ist weggelaufen" – Eine 16-Jährige zieht zu ihrer Tante

Ulrike (30 Jahre, Sachbearbeiterin bei einer Versicherung) betreut die syrische Familie Al-Malki / Sabia, die seit zwei Jahren in einer deutschen Kleinstadt lebt und neben den Eltern aus fünf Kindern besteht. Heute ist Donnerstag und die Schulverwaltung ruft die Familie an. Ulrike ist gerade bei der Familie zu Besuch und übernimmt den Anruf. Die Schule teilt mit, dass die älteste Tochter (16 Jahre) diese Woche nicht in der Schule erschienen ist und keine Entschuldigung vorliegt. Ulrike verspricht, den Sachverhalt abzuklären und sich wieder zu melden.

Die Ehrenamtliche geht wegen des Fehlens der Tochter in der Schule auf Frau Al-Malki zu. Die Mutter sagt: „Meine Tochter ist weggelaufen", und gibt zu verstehen, dass sich ihre älteste Tochter schon immer zu einer Tante hingezogen gefühlt hat, die mit ihren sechs Kindern alleinerziehend ist und seit 15 Jahren in Deutschland lebt. Die Tochter habe am Sonntag heimlich ihre Sachen gepackt und sei zu der Tante, die eine Schwester der Mutter ist, gefahren. Die Familie habe dafür kein Verständnis.

Ulrike ist besorgt.

Fragen

1. Was geht Ihnen als Erstes durch den Kopf? Haben Sie bereits Spannungen und Konflikte innerhalb geflüchteter Familie beobachtet oder erlebt?
2. Weshalb ist Ulrike besorgt? Welche ihrer Werte sind berührt? Welche Rolle nimmt Ulrike gegenüber der Familie Al-Malki / Sabia ein?
3. Weshalb ist die Tochter zu ihrer Tante gezogen? Was bedeutet dies für ihre Familie?
4. Was empfehlen Sie Ulrike, wie sie mit der Situation weiter umgehen kann? Welche nächsten Schritte stehen an? Was kann oder sollte sie der Schule mitteilen?

Lösungsmuster

Zu 1: Individuelle Lösung. Flucht und Migration stellen Stress- und Belastungsfaktoren dar, die oftmals auch das Gefüge innerhalb von Familien verändern. Engagierte in der Flüchtlingshilfe bleiben Spannungen und Konflikte nicht vorenthalten. Das gemeinsame Bewältigen von Problemen kann aber auch einen größeren Zusammenhalt innerhalb der Familien zur Folge haben.

Zu 2: Ulrike ist besorgt, weil die Eltern offenbar keinen Einfluss mehr auf ihre minderjährige Tochter ausüben. Mit 16 Jahren erlebt Ulrike die Tochter als schutzbedürftig, gerade in einem fremden Land, in dem die junge Geflüchtete noch nicht die Strukturen und Sprache vollständig beherrscht. Ulrike nimmt innerhalb der Familie Al-Malki / Sabia eine vermittelnde Funktion gegenüber der Schule ein.

Zu 3: Dass die Tochter zur Schwester der Mutter gezogen ist, bedeutet nach islamischen Vorstellungen einen Bruch mit der bisherigen Familie. Sie ist in ein anderes Familiensystem gewechselt. Wäre sie zur Schwester des Vaters gegangen, wäre das den Eltern weniger schlimm vorgekommen, weil die Tochter damit weiterhin zum Familiensystem des Vaters gehört hätte und dem Einfluss des Vaters ausgesetzt gewesen wäre.

Weshalb die Tochter zu ihrer Tante gezogen ist, dafür kommen mehrere Erklärungen in Betracht: Zum einen kann die Tante für ihre Nichte ein Vorbild darstellen, die sich als Alleinerziehende von traditionellen Geschlechterrollen gelöst hat und viele Freiheiten genießt. Das kann ihr in ihrer Selbstfindung weiterhelfen. Zum anderen kann die Tochter mit den Lebensbedingungen in ihrer Herkunftsfamilie bzw. am bisherigen Ort nicht zufrieden gewesen sein und möchte diesen durch den Umzug zur Tante in eine andere Stadt entfliehen. Die Familie Al-Malki / Sabia hat für den Auszug ihrer Tochter (ohne einen aus ihrer Sicht akzeptablen Grund) kein Verständnis. Die Tochter bricht damit mit der Tradition hoher Loyalität gegenüber der eigenen Familie.

Zu 4: Es ist empfehlenswert, dass Ulrike das Gespräch mit der Familie Al-Malki / Sabia sucht und mehr über die Tochter herausfindet. Eventuell kann sie mit der Tochter Kontakt aufnehmen oder die

Familie darin ermutigen, dies zu tun. Ob die Tochter gegen den Willen zu ihrer Tante ziehen darf, sollte rechtlich abgeklärt werden. Die Tante bringt sich damit in die Rolle einer Erziehungsperson, welche geprüft werden muss. Auch Fragen der Finanzierung und danach, welche Schule die Tochter künftig besuchen wird, hängen damit zusammen.

Der Schule sollte Ulrike mitteilen, dass die Eltern und sie wissen, wo sich die Tochter momentan aufhält. Sie sollten sie zur Klärung des Sachverhalts um einen Aufschub von ein oder zwei Tagen bitten, bevor die Schule von sich aus nächste Schritte einleitet (Verletzung der Schulpflicht usw.). Klar ist, dass Ulrike als Ehrenamtliche nicht im Alleingang, sondern stets im Konsens der Geflüchteten agieren sollte. Bei einer hauptberuflich in der Flüchtlingshilfe tätigen Akteurin wäre die Rolle eine andere: Sie hätte einen stärkeren und umgehenden Handlungszwang.

Fall 7: „Werde ich da für immer gefangen gehalten?" – Eine Mutter ist verzweifelt

Martina ist freiberufliche Psychotherapeutin und ehrenamtlich in der Flüchtlingshilfe aktiv. Der Sicherheitsdienst einer Asylunterkunft hat gemeldet, dass eine 35-jährige Mutter aus dem Nordirak gedroht hat, sich umzubringen. Als Martina eintrifft, findet sie eine heftig weinende Frau mit drei Kindern (4, 6 und 8 Jahre alt) vor. Zugegen ist eine andere ehrenamtliche Helferin, Hanna Becher, die kurdisch spricht. Sie berichtet: „Frau Zuhair kommt aus dem Irak. Sie ist seit einem Monat in Deutschland. Der Mann wird von Schleppern gefangen gehalten, ein Sohn wurde in der Heimat erschossen und ihre älteste Tochter von 17 Jahren hat sie in der Türkei zurückgelassen, weil sie dachte, dass, wenn sie 18 Jahre alt wird, sie in Deutschland mit einem Mann schlafen müsse."

Auf die Frage, wie es Frau Zuhair gehe, antwortet Hanna Becher: „Frau Zuhair geht es sehr schlecht. Sie ist verzweifelt und hat gedroht, sich umzubringen. Ich habe versucht, ihr Mut zu machen. Das hat nicht funktioniert. Dann habe ich versucht, sie davon zu überzeugen, in eine Klinik zu gehen. Es ist mir gelungen, einen Platz in der psychiatrischen Waldklinik zu organisieren, die auf die Behandlung von Traumatisierten spezialisiert ist. Doch Frau Zuhair will dort nicht hingehen. Jedes Mal, wenn ich mit ihr darüber spreche, fängt sie an zu schreien und sagt, dass sie da niemals hingehen wird."

Martina bittet Hanna Becher, Frau Zuhair zu fragen, warum sie nicht in die Klinik will, obwohl es ihr so schlecht geht und ihr dort geholfen werden kann. Hanna Becher übersetzt und tauscht mit Frau Zuhair ein paar Sätze auf Kurdisch aus. Dann sagt sie: „Frau Zuhair fragt: ‚Werde ich dort für immer gefangen gehalten?'"

Martina ist verwirrt.

Fragen

1. Was geht Ihnen als Erstes durch den Kopf? Haben Sie bereits mit Geflüchteten zu tun gehabt, die Symptome einer Traumatisierung zeigten? Wie haben Sie reagiert?
2. Wie erlebt Martina die Situation? Was verwirrt sie?
3. Wie ist die Aussage von Frau Zuhair „Werde ich dort für immer gefangen gehalten?“ zu verstehen?
4. Wie erlebt Frau Zuhair die Situation? Wie ist ihre Lebenssituation? Wie erklärt sich ihr Verhalten?
5. Wie wird die Situation Ihrer Meinung nach weitergehen?
6. Wenn Sie an der Stelle von Martina wären, wie würden Sie weiter vorgehen? Welche Rolle wird von Martina erwartet? Kann sie diese auch ablehnen?

Lösungsmuster

Zu 1: Individuelle Lösung. In der Regel kommen so gut wie alle haupt- und ehrenamtlichen Helferinnen und Helfer in Kontakt mit traumatisierten Geflüchteten. Ob sie mögliche Symptome bemerken und ggf. darauf eingehen, hängt sehr stark von ihrer Rolle ab, aus der heraus sie handeln. Je besser und intensiver die Beziehung zwischen Helfenden und Geflüchteten ist, desto größer die Wahrscheinlichkeit, dass Geflüchtete über ihre Erfahrungen berichten.

Zu 2: Martina ist darüber verwirrt, dass Frau Zuhair eine psychiatrische Klinik mit einem Gefängnis gleichsetzt. Darüber hinaus kann sie über das falsche Deutschlandbild befremdet sein, nach dem Frau Zuhair davon ausging, dass ihre Tochter bei Erreichen der Volljährigkeit mit einem Mann schlafen müsse.

Zu 3: In der Aussage „Werde ich dort für immer gefangen gehalten?“ bringt Frau Zuhair ihren Widerstand zum Ausdruck, in die Waldklinik eingewiesen zu werden. Sie verbindet damit eine Art Gefängnis, in dem sie willkürlich und auf unbestimmte Zeit, vielleicht sogar lebenslänglich, festgehalten wird.

Aus ihrer Herkunftsregion im Nordirak kennt sie keine psychiatrische Versorgung nach deutschem Modell. Zwar gibt es seit einigen

Jahren Psychologen und man kann sich mit psychischen Auffälligkeiten auch an sogenannte Nervenkliniken wenden. Doch die jahrzehntelange Unkenntnis professioneller Versorgungsstrukturen sowie die Erfahrung, dass psychische Erkrankungen (ähnlich wie der Umgang mit Behinderung, s. Fall 8) ein gesellschaftlich tabuisiertes Thema darstellten, wirkt noch nach.

In vielen Ländern, aus denen Geflüchtete nach Europa kommen (z. B. Afghanistan oder Syrien), kümmert sich die Familie um die Versorgung psychisch kranker Angehöriger. Mitunter sind diese in der Öffentlichkeit nicht sichtbar.

Zu 4: Frau Zuhair kann zu den sog. besonders schutzbedürftigen Geflüchteten gezählt werden. Als allein eingereiste Frau mit mehreren kleinen Kindern und einer möglichen Traumatisierung ist ihre Lebenssituation in einer Sammelunterkunft suboptimal. Von einigen männlichen Bewohnern aus islamisch geprägten Ländern dürfte sie als ihnen untergeordnet angesehen werden.

Frau Zuhairs psychische Krise kann Ausdruck der Überforderung in der Asylunterkunft sein. Ihr Verhalten kann als „Hilfeschrei" verstanden werden. In einer Studie der Charité berichteten fünf Prozent der befragten geflüchteten Frauen über stark ausgeprägte und acht Prozent über seltenere Suizidgedanken (Charité Universitätsmedizin Berlin, 2017).

Ob sie tatsächliche Selbsttötungsabsichten hat, ihre Aussage wortwörtlich zu verstehen oder diese als eine kulturspezifische oder situativ bedingte Ausdrucksform für Verzweiflung und die Bitte nach Hilfe anzusehen ist, müsste weiter sondiert werden.

Unstrittig ist, dass die erlebten Schicksalsschläge (Verschleppung des Mannes, Ermordung des Sohnes, Trennung von der ältesten Tochter) sowie die Lebenssituation in Deutschland Frau Zuhair in einen psychischen Ausnahmezustand versetzen können.

Unklar ist, weshalb die Tochter in der Türkei geblieben ist. War dies wirklich ein Irrglaube bzw. Fehler oder geht die Tochter womöglich eigene Wege? Auch diese Hypothese ist denkbar und könnte validiert werden.

Zu 5: Wenn die Polizei oder das Ordnungsamt eingeschaltet wird, alarmieren diese Behörden sehr wahrscheinlich einen Arzt und dieser wird eine Zwangseinweisung vornehmen. Die Kinder würden in einer (Kurzzeit-)Pflege untergebracht werden müssen. Dieses Handeln ist legal und bei angedrohten Selbsttötungen üblich. Allerdings wäre dieses Vorgehen nicht unbedingt migrationssensibel: Wird Frau Zuhair eingewiesen und jetzt noch von ihren Kindern getrennt, wäre das für sie selbst und ihre Kinder ein weiterer Verlust mit vermutlich dramatischen Folgen, die einer erneuten Traumatisierung gleichkommen können.

Zu 6: Martina sollte sich im Kreis der Hauptamtlichen in der Asylunterkunft beraten. Es sollten verschiedene Perspektiven auf den Fall zusammengetragen und ausgetauscht werden. Die Frage ist, wer ggf. die Verantwortung dafür übernimmt, wenn keine Zwangseinweisung stattfindet. Eventuell könnte man eine Wache einrichten und Frau Zuhair beobachten, wie sie sich weiter verhält, und so einer Einweisung zuvorkommen, die sich später als nicht passend bzw. nicht verhältnismäßig herausstellt.

Das Fallbeispiel beinhaltet auch Genderaspekte: Bei der Kommunikation mit Frau Zuhair wird es günstig sein, Frauen als Gesprächspartnerinnen einzusetzen, da hier mehr Vertrauen und eine größere Öffnung wahrscheinlicher sind.

Im Kreis der Haupt- und Ehrenamtlichen sollte beraten werden, ob die Familie Zuhair in eine Unterkunft für besonders schutzbedürftige Personen oder idealerweise in eine eigene Wohnung umziehen kann.

Fall 8: „Youssef hat in Syrien die Schule geschafft. Und er kann sehr gut mit dem Körper arbeiten" – Umgang mit Behinderung

Katja, 45 Jahre und freiberufliche Mediengestalterin, engagiert sich ehrenamtlich in der Flüchtlingshilfe. Zurzeit hat sie die Patenschaft für die syrische Familie Bilal mit fünf Kindern übernommen. Die Familie wohnt in einer eigenen Wohnung, die Katja organisiert hat. Die vier jüngeren Kinder gehen in die Schule. Die Eltern sind dabei, einen Integrationskurs zu besuchen.

Der Älteste ist 18 Jahre alt. Katja bemerkt, dass er fast nichts spricht und sich ihrer Meinung nach in Alltagssituationen seltsam verhält. Ihr gelingt es, die Familie Bilal zu motivieren, die Symptome des jungen Mannes abklären zu lassen. Sie nehmen einen Termin bei einem Arzt wahr, der selbst aus Syrien stammt. Es stellt sich heraus, dass der junge Mann als Kind eine Hirnhautentzündung hatte und lernbehindert ist. Dies ist für die Familie Bilal ein großer Schock. Frau Bilal sagt: „Youssef hat in Syrien die Schule geschafft. Und er kann sehr gut mit dem Körper arbeiten."

Katja ist ratlos und weiß nicht, wie sie mit der Familie Bilal weiter umgehen kann.

Fragen

1. Weshalb ist Katja ratlos? Welche ihrer Werte sind berührt?
2. Welche Rolle nimmt Katja gegenüber der Familie Bilal ein? Wie versteht sie ihr Ehrenamt?
3. Was wissen Sie über die (Lebens-)Situation der Familie Bilal? Wie ist die Aussage „Youssef hat in Syrien die Schule geschafft. Und er kann sehr gut mit dem Körper arbeiten" zu verstehen? Was sagt die Familie damit über sich selbst aus?
4. Was vermuten Sie, wie die Familie zum Thema Behinderung steht? Welche kulturell geprägten Haltungen bringt sie diesbezüglich mit?
5. Was empfehlen Sie Katja, wie sie die Familie für das Thema Behinderung sensibilisieren kann? Wie kann sie mit der Familie weiter zusammenarbeiten?

Lösungsmuster

Zu 1: Katja wird mit der Reaktion der Familie Bilal konfrontiert, in der sich Unverständnis für die Lernbehinderung des ältesten Sohnes widerspiegelt. Nach ihren Werten ist es vermutlich wichtig, den Tatsachen ins Gesicht zu sehen und eine mögliche Behinderung nicht zu leugnen. Zumal sie weiß oder die Annahme vertritt, dass Menschen mit geistigen Einschränkungen aufgrund starker Inklusionsbemühungen durchaus eine gute Teilhabe erreichen können.

Zu 2: Für die Familie Bilal ist Katja eine starke Helferin bei vielen Alltagsfragen: So hat sie ihr eine Wohnung organisiert. Mit dem Arztbesuch hat sie nicht nur eine rein pragmatische Aufgabe übernommen, sondern erfährt auch von bisher tabuisierten Familiengeheimnissen. Damit ist Katja nicht nur formal, sondern inzwischen auch emotional betrachtet Teil des familiären Systems. Ob das ihr in dieser Weise bewusst ist, geht aus dem Fallbeispiel nicht hervor.

Zu 3: Die Familie Bilal hat den Umständen entsprechend bereits eine gute Teilhabe erreicht: Vier der fünf Kinder gehen zur Schule, die Eltern besuchen einen Integrationskurs und sie leben in einer eigenen Wohnung. Zudem hilft Katja der Familie im Alltag. All dies sind gute Bedingungen für das weitere Gelingen von Integration.

Die Familie streitet es ab, einen behinderten Sohn zu haben, und beruft sich dabei auf seinen Schulbesuch in Syrien und angeblich gute motorische Fähigkeiten. Die Information über die Lernbehinderung passt nicht in ihr bisheriges Lebensmodell bzw. Weltbild. Die Aussage „Youssef hat in Syrien die Schule geschafft. Und er kann sehr gut mit dem Körper arbeiten" kann als Nichtwahrhabenwollen oder gar Infragestellen der Information über die Lernbehinderung verstanden werden. Vielleicht ist Youssef in Syrien nicht oder nicht regelmäßig zur Schule gegangen. Die Eltern könnten zum Beispiel gesagt haben, dass er krank ist. Der Schulbesuch von Kindern wurde vor Ausbruch des Krieges nicht lückenlos kontrolliert. Ist die Behinderung sehr ausgeprägt, so wäre Youssef in Syrien in der Familie geblieben und hätte entweder Überfürsorge erfahren und (oder) ein Leben geführt, in dem er sich vorrangig in der Familie aufhalten würde.

Mit der Aussage „Youssef hat in Syrien die Schule geschafft. Und er kann sehr gut mit dem Körper arbeiten“ deutet die Familie an, dass Youssef vermutlich kein Studium schaffen wird. Dafür könnte er vielleicht etwas Handwerkliches machen, zum Beispiel als Friseur oder Schneider arbeiten.

Zu 4: Behinderung ist ein in vielen Ländern tabuisiertes Thema. Nicht staatliche Organisationen und Versorgungssysteme sind beteiligt, sondern die Familie regelt den Umgang mit körperlich oder geistig beeinträchtigten Menschen. Der Alltag und die Öffentlichkeit sind in vielen Ländern dieser Welt nicht so gestaltet, dass sie behinderten Menschen offenstehen würden: So gibt es beispielsweise nicht immer befestigte Straßen, keine Rampen und keine Inklusionskonzepte.

Offenbar konnte der älteste Sohn in Syrien die Schule besuchen, wo er sich vermutlich so unauffällig bewegt hat, dass man ihm und seiner Lernbehinderung keine besondere Aufmerksamkeit schenkte. Aus Syrien ist aber auch bekannt, dass die Schulpflicht nicht immer nachgehalten wurde und diesbezügliche Unregelmäßigkeiten auch schon vor dem Bürgerkrieg nicht unbedingt sanktioniert wurden.

In manchen Ländern der Welt existieren Exklusionskonzepte, nach denen Menschen mit körperlichen oder geistigen Einschränkungen in gesonderten Einrichtungen an spezifischen Orten versorgt werden und für den Großteil der Bevölkerung somit nicht sichtbar sind.

Zu 5: Katja könnte versuchen herauszufinden, welche Barrieren der Familie entgegenstehen, die Behinderung zu akzeptieren. Entsprechend könnte sie darauf mit Sensibilisierung oder Fakten reagieren. Ggf. sollte sie mit der Familie abklären, inwieweit über die Beeinträchtigung des Sohnes in bestimmten Situationen außerhalb der Familie gesprochen werden darf.

Erst dann, wenn die Familie die Behinderung realisiert hat, könnte Katja aufzeigen, welche Möglichkeiten der Sohn hat, mit einer Behinderung in Deutschland zu leben.

Das Nichtwahrhabenwollen der Familie bezüglich der Behinderung des Sohnes sollte aber keinesfalls zum Kontaktabbruch führen. Vermutlich braucht die Familie gerade jetzt emotionale Stabilisierung und lebenspraktische Hilfe.

Fall 9: „Bring mir einen neuen Papa, eine neue Mama und einen Bruder" – Sehnsucht nach einer neuen Familie

Sayeed, 12 Jahre, ist vor einem Jahr als unbegleiteter Flüchtling nach Deutschland gekommen und lebt in einer Wohngruppe. Seine Eltern und Geschwister wurden bei einem Anschlag der Taliban in Afghanistan ermordet. Sayeed war gerade auf dem Weg zum Brunnen, deshalb hat er als Einziger den Anschlag überlebt. Die Flucht dauerte fast ein Jahr. Sayeed hat auf der Flucht viele schreckliche Dinge erlebt und gesehen.

In den vergangenen Monaten hat sich Sayeed zu einem fröhlichen Jungen entwickelt. Mandy, Studentin der Psychologie, betreut den Jungen ehrenamtlich, kümmert sich insbesondere um die Freizeitgestaltung.

Heute ist Sonntagvormittag und ein kalter, verregneter Tag. Mandy rätselt, was sie heute mit Sayeed unternehmen könnte. Sayeed wirkt sehr niedergeschlagen. Auf die Frage, wie es ihm geht, antwortet Sayeed: „Bring mir einen neuen Papa, eine neue Mama und einen Bruder."

Mandy ist betroffen.

Fragen

1. Was geht Ihnen als Erstes durch den Kopf? Haben Sie eine solche oder ähnliche Situation schon einmal erlebt, dass Geflüchtete Ihnen gegenüber Trauer oder eine Traumatisierung gezeigt haben?
2. Weshalb ist Mandy betroffen?
3. Was sagt Sayeed mit „Bring mir einen neuen Papa, eine neue Mama und einen Bruder" über sich selbst aus?
   Welche Bedürfnisse hat er? Was erwartet er von Mandy?
4. Was wissen Sie über die (Lebens-)Situation und die Perspektiven von Sayeed in Deutschland?
   Was vermuten Sie, wie er sich weiter entwickeln wird?
5. Was empfehlen Sie Mandy, wie sie mit der Situation weiter umgehen kann?

Lösungsmuster

Zu 1: Individuelle Lösung. In der Regel kommen so gut wie alle haupt- und ehrenamtlichen Helferinnen und Helfer in Kontakt mit traumatisierten Geflüchteten. Ob sie mögliche Symptome bemerken und ggf. darauf eingehen, hängt sehr stark von ihrer Rolle und von der Beziehung ab, aus der heraus sie handeln. Je besser und intensiver die Beziehung zwischen Helfenden und Geflüchteten ist, desto größer die Wahrscheinlichkeit, dass Geflüchtete über ihre Erfahrungen berichten.

Zu 2: Mandy kann aus verschiedenen Gründen betroffen sein. Zum einen ist sie vermutlich über Sayeeds Reaktion überrascht: Vermutlich bemüht sie sich um eine spaßbetonte Freizeitgestaltung, doch dieses Konzept geht heute nicht auf. Zum anderen dürfte sie von der Erwartung, dass sie für Sayeed eine neue Familie organisieren soll, überwältigt sein.

Zu 3: Mit der Aussage „Bring mir einen neuen Papa, eine neue Mama und einen Bruder" bringt Sayeed die mit einer Familie verbundenen Bedürfnisse zum Ausdruck: die Sehnsucht nach Zugehörigkeit, Bindung, Beziehung und sozialem Anschluss. Er kommt aus einem Land, das in hohem Maße kollektivistisch, das heißt gruppenorientiert ist, und in dem sich Menschen sehr stark über die Mitgliedschaft zur Familie und anderen relevanten Gruppen definieren.

Der Satz kann aber auch einfach aus der Situation heraus Aufforderungscharakter haben und bedeuten, dass Sayeed heute keine spaßbetonte Aktivität unternehmen und (oder) allein bleiben möchte. Beide Bedürfnisse schließen sich im Übrigen nicht aus.

Zu 4: Mit seinen zwölf Jahren hat Sayeed Erfahrungen gemacht, die nicht kindgemäß und zudem traumatisierend sind. Er hat durch Zufall überlebt. Aus Studien mit Überlebenden des Holocaust und von Katastrophen ist bekannt, dass sich viele von ihnen die Frage stellen, warum gerade sie überlebten, und sich daraus Schuldgefühle entwickeln können. Sayeed hat jedoch nicht nur seine Familie verloren, sondern befindet sich darüber hinaus in einem für ihn fremden Land – was den Umgang mit dem Erlebten zusätzlich erschweren kann. Sein Wohlergehen und seine Teilhabechancen in Deutschland werden von seinen persönlichen Ressourcen sowie dem Vorhandensein und der Passung von Unterstützungsangeboten abhängen.

Eine Schlüsselfrage wird sein, ob und ggf. wie er es schafft, mit den Folgen der Traumatisierung umzugehen. Verläuft der Prozess den Umständen entsprechend günstig, kann er eine sprachliche, schulische, berufliche, materielle und soziale Zugehörigkeit erreichen. Wenn nicht, werden ihn die Folgen der Traumatisierung immer wieder überfordern. In welche Richtung sich sein Leben dann entwickelt, darüber kann man nur spekulieren (Abhängigkeit von Psychopharmaka, Psychiatrie-Aufenthalte, Mitgliedschaft in zweifelhaften Gruppen, delinquente Verhaltensweisen usw.).

Zu 5: Empfehlenswert ist, dass Mandy ihre eigene Betroffenheit kontrolliert und mehr über Sayeeds Bedürfnisse erfährt. Mitunter ist es für Sayeed auch einfach nur hilfreich, dass an diesem Tag jemand bei ihm ist und ggf. zuhört. Ehrenamtliche sollten entsprechende Situationen der Ohnmacht und Hilflosigkeit aushalten können.

Mandy kann sich auch im Kreis von Haupt- und Ehrenamtlichen beraten. Eventuell könnte Sayeed die Mitgliedschaft in einem Verein empfohlen werden. Ferner sollte überlegt werden, ob die Unterbringung von Sayeed in einer Pflegefamilie statt in einer Wohngruppe passender wäre.

Fall 10: „Ich werde Fußballprofi" – Berufliche Vorstellungen eines 16-Jährigen

Kito, 16 Jahre, ist vor zwei Jahren als unbegleiteter Flüchtling nach Deutschland gekommen. Seine Eltern wurden in Somalia umgebracht. Er selbst hat dort als Kindersoldat gearbeitet.

Bereits kurz nach seiner Ankunft in Deutschland wurde ihm die Möglichkeit gegeben, in einem Fußballverein zu trainieren. Trainer und andere haben sein Talent erkannt und Kito gefördert. Inzwischen spielt Kito in der ersten Mannschaft.

In der Schule stehen betriebliche Praktika an. Ein Hotel hat Kito einen Praktikumsplatz angeboten. Doch Kito will kein Praktikum absolvieren. Als ihn Peter, der (ehren- oder hauptamtliche) Betreuer (30 Jahre), nach seinen beruflichen Vorstellungen fragt, stellt Kito heraus: „Ich werde Fußballprofi." Fragen nach beruflichen Alternativen beantwortet er nicht.

Peter ist ernüchtert und denkt sich: „Das ist mal wieder typisch."

Fragen

1. Was geht Ihnen als Erstes durch den Kopf? Welche Berufswünsche äußern die von Ihnen betreuten Jugendlichen?
2. Worüber ist Peter ernüchtert? Was sagt er mit dem Gedanken „Das ist mal wieder typisch" über sich selbst aus?
3. Was wissen Sie über die (Lebens-)Situation von Kito? Was motiviert ihn, eine Karriere als Fußballprofi anzustreben? Weshalb zögert er, berufliche Alternativen in Betracht zu ziehen?
4. Was vermuten Sie, wie Peter seine Rolle gegenüber Kito sieht?
5. Empfehlen Sie Peter, dass er Kito zum Umdenken bewegen sollte? Wie kann er ggf. Kito motivieren, die Praktikumsstelle im Hotel anzunehmen und über weitere berufliche Optionen nachzudenken?

Lösungsmuster

Zu 1: Individuelle Lösung. Die Erfahrung aus Seminaren mit Ehrenamtlichen zeigt, dass vielen von ihnen der Berufswunsch „Fußballprofi" bei jungen Geflüchteten bekannt vorkommt.

Zu 2: Peter ist darüber ernüchtert, dass Kito einem Traum anhängt, der vermutlich seinem Realitätssinn widerspricht. Mit der Aussage „Das ist mal wieder typisch“ hat er offenbar ein Klischee bzw. Stereotyp über jugendliche Geflüchtete im Kopf, das er auch auf Kito anwendet.

Zu 3: Über Kito ist bekannt, dass er als junger Flüchtling nach Deutschland kam und er hier keine Familienangehörigen hat. Er ist somit ganz auf sich allein gestellt.

Der Sport fungiert in seinem Fall als guter Integrationsfaktor. Über Fußball verspricht sich Kito Anerkennung, Prestige, Zugehörigkeit und Teilhabe. Dieses Bedürfnis teilt er mit vielen jungen Menschen. Mitunter haben junge Flüchtlinge auch schon vor ihrer Flucht Fußball gespielt und deshalb dazu einen persönlichen Bezug. Eine Karriere im Profisport stellt ein gutes Auskommen in Aussicht – etwas, wonach sich viele junge Geflüchtete ebenfalls sehnen.

Bisher hat sich Kito im Fußball gut entwickelt, hat einen gewissen Aufstieg gemacht und spielt mittlerweile in der ersten Mannschaft. All dies kann ihn in seinem Berufswunsch, Profifußballer zu werden, ermutigen. Weshalb Kito zögert, berufliche Alternativen in Betracht zu ziehen, kann darüber hinaus mit kulturellen oder in seiner Biografie liegenden Faktoren erklärt werden: Vermutlich hat Kito nicht gelernt, langfristig zu denken und sich entsprechend auszurichten. Wer in unsicheren Verhältnissen groß geworden ist, dem sind Planung und zielorientiertes Handeln oftmals fremd. Das Verhalten ist auf die unmittelbare Situation ausgerichtet und nicht auf mögliche Ziele in der Zukunft. Nicht zuletzt könnte es auch sein, dass die im Hotel typischerweise erbrachten Dienstleistungen für ihn zu einer „Frauenwelt“ gehören, die er sich als Mann nicht vorstellen kann.

Über berufliche Alternativen nachzudenken, würde für Kito bedeuten, sich von seinem Traum zu verabschieden und auf die anstrengende Suche nach weiteren Optionen zu begeben. Berufliche Orientierung und die anschließende Bewerbung um passende Ausbildungsstellen sind ein komplexer Prozess, nicht nur für Geflüchtete. Eine Karriere als Profifußballer erscheint dem jungen Geflüchteten demgegenüber als der leichtere Weg.

Zu 4: Peter sieht sich gegenüber Kito in großer Verantwortung und als eine wichtige Bezugsperson, möglicherweise mit väterlichen Eigenschaften. Sicherlich wünscht sich Peter für Kito, dass er sich gut entwickelt, in der deutschen Gesellschaft seinen Platz findet und eine eigene Existenzsicherung erreicht.

Zu 5: Unabhängig vom Fluchthintergrund sollte Peter versuchen, das Berufswahlspektrum von Kito zu erweitern. Peter könnte Kito mit persönlichen Vorbildern in Kontakt bringen, beispielsweise mit Geflüchteten, die berufliche Optionen außerhalb des Sports gefunden haben. Außerdem könnte er die Berufsorientierung des Jungen unterstützen, indem er ihn davon überzeugt, dass viele Fußballspieler bzw. Berufssportler einen Zweitberuf haben. Nur ganz selten führen die aktiven Profijahre dazu, dass jemand für sein weiteres Leben ausgesorgt hat.

Fall 11: „Vielleicht später ..." – Ein Geflüchteter will lieber bei McDonalds arbeiten, als sich seinen Studienabschluss anerkennen lassen

Goran, 35 Jahre, ist aus dem Irak geflüchtet und lebt seit einem Jahr in Deutschland. Er besucht einen Integrationskurs und hat dort bereits gut Deutsch gelernt. Darüber hinaus spricht er fließend Englisch.

Bei Alltagsproblemen steht ihm der Ehrenamtliche Klaus (45 Jahre, Berufschullehrer) beratend und unterstützend zur Seite. Heute waren sie zusammen im Jobcenter, wo es um die berufliche Perspektive Gorans in Deutschland ging. Goran hat in seinem Heimatland Architektur studiert und fast zehn Jahre als Architekt in einem Bauingenieurbüro gearbeitet. Die Beraterin im Jobcenter hat ihm geraten, dass er in Deutschland seinen Studienabschluss anerkennen lässt. Eventuell müsste Goran noch eine Anschlussqualifizierung besuchen. Doch seien die Chancen gut, dass er anschließend als Architekt in Deutschland arbeiten könne. Goran hat auf das, was die Beraterin sagte, keine Reaktion gezeigt.

Nach dem Gespräch im Jobcenter ereignet sich folgender Dialog:

Klaus: „Mensch, du bist eine qualifizierte Fachkraft. Du kannst in Deutschland als Architekt arbeiten. Könntest du mir deine Zeugnisse bringen? Dann können wir den Antrag auf Anerkennung deines Studienabschlusses stellen."

Goran zeigt keine Reaktion.

Klaus: „Wann bringst du mir deine Zeugnisse?"

Goran: „Ich will bei McDonalds arbeiten. Meine Freunde haben gesagt, das ist eine gute Arbeit."

Klaus: „Wie, du willst nicht wieder als Architekt arbeiten?"

Goran: „Vielleicht später ..."

Klaus ist fassungslos.

Variante

Bei dem Geflüchteten handelt es sich um einen Mann aus Gambia, der in Ägypten studiert und im Libanon gearbeitet hat.

Fragen

1. Was geht Ihnen als Erstes durch den Kopf? Haben Sie eine solche oder ähnliche Situation schon einmal erlebt?
2. Weshalb ist Klaus fassungslos? Welche seiner Werte sind berührt?
3. Was wissen Sie über die (Lebens-)Situation von Goran? Was motiviert ihn, eine Arbeit bei McDonalds anzustreben? Weshalb zögert er, seinen Studienabschluss anerkennen zu lassen und in Deutschland als Architekt zu arbeiten? Was steht hinter Gorans Aussage „Vielleicht später ...“?
4. Was empfehlen Sie Klaus, wie er aus seiner Rolle als ehrenamtlicher bzw. professioneller Helfer heraus mit der Situation umgehen kann? Sollte er Goran zur Anerkennung seines Studiums und für eine Arbeit als Architekt motivieren? Wenn ja, wie?
5. Angenommen, Sie wären die Beraterin im Jobcenter und der beschriebene Dialog hätte sich dort ereignet, wie würden Sie als Mitarbeiterin des Jobcenters mit der Situation umgehen?

Lösungsmuster

Zu 1: Individuelle Lösung. Dass viele Geflüchtete, insbesondere junge Männer, den Wunsch haben, schnell eine Arbeit zu finden, dürfte haupt- und ehrenamtlichen Helferinnen und Helfern oft begegnen.

Zu 2: Klaus ist fassungslos darüber, dass Goran eine nicht qualifizierte, nicht gut bezahlte Tätigkeit in einem Schnellrestaurant gegenüber einer qualifizierten Tätigkeit in seinem studierten Beruf vorzieht, mit der er Aussicht auf einen besseren Verdienst hat.

Nach deutschem Verständnis sind Menschen bestrebt, das Beste aus ihren Potenzialen und Fähigkeiten zu machen. Selbstverwirklichung, berufliche Planung und das Ziel einer finanziellen Autonomie stehen im Vordergrund. Diese Werte werden durch Gorans Reaktion im vorliegenden Fall in Frage gestellt und lösen bei Klaus Betroffenheit aus.

Zu 3: Flucht und Migration bedeuten für viele Zugewanderte einen sozialen und beruflichen Absturz. Goran mag von anderen Geflüchteten umgeben sein, die diese bittere Erfahrung gemacht haben und das

Denkmuster „Hauptsache Arbeit" internalisiert haben. Allerdings bringt Goran im Unterschied zu vielen anderen für die berufliche Integration in Deutschland gute Voraussetzungen mit. Er hat nicht nur Architektur studiert, sondern in diesem Beruf auch gearbeitet. Darüber hinaus können seine Englischkenntnisse darauf hindeuten, dass er in der Vergangenheit bereits in einem internationalen Umfeld tätig gewesen ist, was die berufliche Integration zusätzlich erleichtern würde.

Dass Goran dennoch zögert, seinen Studienabschluss anerkennen zu lassen, kann mehrere Gründe haben: Möglicherweise kam er mit dem Ziel nach Deutschland, schnell eine Arbeit zu finden und damit seine Familie im Heimatland zu unterstützen. Oder er will für die Fluchtfinanzierung geliehenes Geld zurückzahlen und (oder) Kosten für Schlepper begleichen. Möglicherweise weiß er auch nicht, was in der Zukunft passiert und vielleicht hat er sogar Rückkehrabsichten. Hinzu kann kommen, dass er bei anderen Geflüchteten sieht, dass sie an den deutschen Arbeitsmarkt nicht anschlussfähig sind. Er versteht nicht, weshalb das bei ihm anders sein soll. Vermutlich fehlen ihm glaubwürdige Rollenmodelle und Vorbilder, wie die Anerkennung und Beschäftigung als Architekt in Deutschland gelingen können.

Goran deutet an, dass einige Bekannte von ihm bei McDonalds arbeiten und zufrieden sind. McDonalds ist für seine Personalpolitik bekannt, die Leistung statt der Herkunft einer Person in den Mittelpunkt für Anerkennung und Weiterkommen zu stellen. Dieses Versprechen kann auf neu Zugewanderte überzeugend und attraktiv wirken. Das Unternehmen wirbt mit Rollenmodellen und Vorbildern, die Goran noch zusätzlich in seinem direkten Umfeld hat.

Vermutlich ist Goran der Weg bis zur Anerkennung seines Studienabschlusses zu lang und der Ausgang ungewiss. Nach einem möglicherweise langwierigen Asylverfahren als Iraker bringt er nicht die Geduld und das Vertrauen mit, dass die Anerkennung eine realistische Chance hat. Mit der Aussage „Vielleicht später ..." deutet er indirekt an, dass er mit dem Anerkennungsverfahren zum jetzigen Zeitpunkt nicht einverstanden ist. Indirekt könnte sich darin auch

Unsicherheit widerspiegeln in dem Sinne, dass er das, was die Beraterin ihm vorgeschlagen hat, sprachlich und (oder) inhaltlich nicht versteht und ergänzende Informationen benötigt.

Zu 4: Klaus sollte wegen der Anerkennung seines Studienabschlusses auf jeden Fall mit Goran weiter im Gespräch bleiben. Er könnte Goran mit anderen Irakern in Kontakt bringen, deren Studienabschluss als äquivalent anerkannt worden ist und die nun in ihrem studierten Beruf erfolgreich tätig sind. Vielleicht wäre es auch möglich, interessante und an Gorans Qualifikation interessierte Unternehmen zu besuchen.

Natürlich wäre es auch wichtig, Gorans Bedürfnisse herauszufinden, die er mit einer Tätigkeit in einem Schnellrestaurant in Verbindung bringt: Wozu braucht er schnell Geld? Welche Verpflichtungen hat er?

Mittelfristig gesehen könnte Klaus mit Goran eine Zielvision für das Leben in Deutschland entwickeln. In diesem Zusammenhang sollte Klaus den Geflüchteten auch darüber aufklären, dass gut bezahlte Jobs in Deutschland in den meisten Fällen eine gute Qualifikation voraussetzen. In Helfertätigkeiten sind die Aufstiegsmöglichkeiten und Verdienste in der Regel begrenzt, zumal hier auch ein hoher Wettbewerb um Arbeitsplätze besteht. Als qualifizierte Fachkraft hat Goran bessere Chancen auf eine nachhaltige Arbeitsmarktintegration.

Zu 5: Die Beraterin im Jobcenter könnte ähnliche Strategien wählen, die unter Punkt 4 für den ehrenamtlichen Helfer genannt wurden: Kontakt zu Rollenmodellen und Unternehmen, Aufklärung über die Chancen auf dem deutschen Arbeitsmarkt sowie die Schaffung klarer Perspektiven sind Erfolg versprechende Strategien. In diesem Zusammenhang wäre es sicherlich auch hilfreich, wenn Gorans Kompetenzen und Fähigkeiten genauer bestimmt und für eine spätere Bewerbung aufbereitet werden würden.

Zur Variante:

Dieser Fall ist wesentlich komplexer. Das Asylverfahren des Mannes aus Gambia könnte möglicherweise zu einer Ausreiseaufforderung oder allenfalls zu einer Duldung führen. Damit wäre sein Zugang zum deutschen Arbeitsmarkt erschwert, aber nicht unmöglich. Dass der Geflüchtete bereits neben seinem Herkunftsland in (mindestens) zwei weiteren Ländern gelebt, studiert bzw. gearbeitet hat, weist auf einen internationalen Horizont sowie hohe Flexibilität hin. Beide Ressourcen können die Arbeitssuche und nachhaltige Integration in Arbeit erleichtern.

Fall 12: „Die Wohnung ist zu klein für uns" – Eine Frage des Anspruchs

Die Ehrenamtliche Evelyn hat die Patenschaft für eine syrische Flüchtlingsfamilie mit zwei Söhnen (2 und 4 Jahre) übernommen. Die Familie hat eine gute Bleibeperspektive und kann in eine eigene Wohnung umziehen. Die Wohnungssuche gestaltet sich nicht leicht. Evelyn schaut regelmäßig nach Angeboten und verhandelt mit potenziellen Vermietern. Jetzt hat Evelyn eine Drei-Zimmer-Wohnung im Vorort einer größeren Stadt gefunden, die sie für sehr schön und passend für die Familie hält.

Nach der Besichtigung gibt der Vater der Familie, Herr Al-Agha, zu verstehen: „Die Wohnung ist zu klein für uns." Außerdem wolle die Familie nicht in einem Vorort wohnen, sondern in der Stadt. In Syrien hätten sie immer in der Stadt gewohnt und die Schlepper hätten ihnen gesagt, dass sie in Deutschland Anspruch auf ein Haus hätten.

Evelyn ist empört über die Anspruchshaltung der Familie.

Fragen

1. Was geht Ihnen als Erstes durch den Kopf? Sind Sie schon einmal mit Vorstellungen seitens Geflüchteter konfrontiert worden, die Sie für nicht angemessen hielten? Haben Sie schon einmal erlebt, dass Ihre Hilfe für Geflüchtete zurückgewiesen wurde oder Sie keine Dankbarkeit dafür erfahren haben?
2. Weshalb ist Evelyn empört? Welche ihrer Werte sind berührt?
3. Was wissen Sie über die (Lebens-)Situation der Familie Al-Agha? Wie ist die Aussage von Herrn Al-Agha „Die Wohnung ist zu klein für uns" zu verstehen?
4. Was empfehlen Sie Evelyn, wie sie mit ihren eigenen Emotionen umgehen kann? Was raten Sie ihr, wie sie auf das von Herrn Al-Agha Gesagte reagieren kann?

Lösungsmuster

Zu 1: Individuelle Lösung. Dass Geflüchtete nicht immer ein realistisches Bild über Deutschland haben, dürfte vielen in der Flüchtlingshilfe Engagierten begegnen. Auch dass ein gut gemeintes Hilfsangebot nicht angenommen wird, kommt vor (vgl. auch Fall 20).

Zu 2: Evelyns Werte der Dankbarkeit und (unbedingten) Akzeptanz von Hilfeleistungen sind verletzt. Hinzu kann die Vorstellung kommen, dass Asylsuchende bescheiden zu sein haben und keine besonderen Ansprüche an den Tag legen sollen. Weit verbreitet ist auch die Annahme, dass die Menschen aus Ländern mit großer Armut geflohen sind. Verwunderlich kann aus Evelyns Perspektive auch die Versprechung der Schlepper wirken, dass die syrische Familie in Deutschland ein Haus erwartet und die Al-Aghas dies – trotz moderner Medien – geglaubt haben. Dies könnte sie als naiv bewerten.

Zu 3: Für die Ablehnung der Wohnung kommen verschiedene Erklärungen in Frage: sowohl herkunftsspezifische als auch soziale und personenbezogene:

Über die Familie Al-Agha ist bekannt, dass sie aus Syrien kommt und mit der von Evelyn vorgeschlagenen Wohnung nicht einverstanden ist. Sie gibt zu verstehen, dass sie diese erstens für zu klein hält und sie zweitens lieber in der Stadt wohnen möchte. Herrn Al-Aghas Aussage „Die Wohnung ist zu klein für uns" könnte in diesem Sinne verstanden werden.

Syrien war vor dem Bürgerkrieg ein gut organisiertes Land, das seit den 70er-Jahren ein der breiten Bevölkerung zugängliches Bildungs- und Gesundheitssystem aufgebaut sowie in die Infrastruktur des Landes investiert hatte. Eklatante Armut war kurz vor Ausbruch des Krieges im öffentlichen Raum kaum sichtbar. Armuts- bzw. Elendsviertel wie in anderen (arabischen) Ländern, zum Beispiel Ägypten, gab es nicht.

Es ist zu vermuten, dass die Familie Al-Agha sich in Syrien einen gewissen Wohlstand aufgebaut hatte und auch über ein eigenes Haus verfügte. Vermutlich wohnte sie im städtischen Raum. Die Migration nach Deutschland bedeutet für die Familie einen sozialen Absturz, den sie möglicherweise (noch) nicht wahrhaben will. Menschen auf der Flucht glauben oft leichtgläubig den Versprechen von Schleppern und sind desillusioniert, wenn diese nicht der Realität entsprechen. Aber auch das Gegenteil ist mitunter anzutreffen: Manche Flüchtlinge geben sich mit minimalen Ansprüchen ab und nehmen beispielsweise die erstbeste Wohnung, bevor sie feststellen, dass diese zu klein ist.

Dass die Familie lieber in der Stadt als auf dem Land wohnen und in eine größere Wohnung ziehen möchte, kann auch einfach ihren persönlichen Vorlieben entsprechen. Oder sie hoffen auf Familiennachzug oder eine Vergrößerung ihrer Familie, was ebenso wenig ausgeschlossen werden kann. Die Aussage von Herrn Al-Agha muss nicht unbedingt wortwörtlich zu verstehen sein. Denn im Arabischen wird das, was man eigentlich sagen möchte, oft indirekt vermittelt. Indirekte Ausdrucksweisen sind im Deutschen eher unüblich und werden von den meisten Interaktionspartnern nicht richtig verstanden, insofern nur die offensichtliche Bedeutung begriffen wird. Möglicherweise hat die Familie Al-Agha aber auch von Deutschland den Eindruck gewonnen, dass man alles bekommt, was man will. Sie könnte denken, dass manchmal ein wenig Jammern und Klagen weiterhilft, um eigene Vorstellungen durchzusetzen.

Zu 4: Evelyn sollte sich ihrer Emotionen und der hinter diesen liegenden Werte und Bedürfnisse bewusst werden (s. Punkt 2). Über Fragen kann sie herausfinden, ob die Aussage von Herrn Al-Agha wortwörtlich zu verstehen oder was ggf. tatsächlich gemeint ist. Interkulturelle Sensibilität würde voraussetzen, dass sie den Wunsch der Familie nach einer größeren Wohnung in der Stadt nachvollziehen, zu einem gewissen Grad akzeptieren und dafür Verständnis aufbringen kann.

Ob die Vorstellungen der Familie realisierbar sind, mag dahingestellt bleiben. Eventuell darf sie aufgrund der sog. Residenzpflicht eine Wohnung nur innerhalb einer bestimmten Kommune bzw. eines Kreises mieten. Dies ist für manche Geflüchteten frustrierend. Sie möchten ihren sozialen Status und Lebensstandard aus dem Herkunftsland vor den Unruhen wiederherstellen – ein sehr menschliches Bedürfnis. Sollte dies jedoch nicht möglich sein, sollte sich Evelyn überlegen, wie sie die Familie über die Realitäten in Deutschland aufklären kann. Oder sie bringt die Familie in Kontakt mit einer Person, die dies an ihrer Stelle tut. Denn aus der Psychologie ist bekannt, dass der Überbringer einer schlechten Botschaft sehr häufig mit dieser selbst in Verbindung gebracht wird. Das würde die Beziehung zwischen Evelyn und der Familie belasten.

Letztlich sollte Evelyn auch ihre Rolle als Ehrenamtliche bei der Wohnungssuche für die syrische Familie überdenken: Sieht sie sich als Alleinverantwortliche bei dieser Aufgabe? Was kann getan werden, die Familie in diese oft herausfordernde Aufgabe mit einzubinden? Was möchte die Familie selbst tun, um eine Wohnung zu finden?

Fall 13: „Wir haben die Wohnung anderweitig vergeben“ – Schwierige Wohnungssuche

Der Ehrenamtliche Gregor, dessen Eltern in den 70er-Jahren von Polen nach Deutschland migrierten, engagiert sich in der Flüchtlingshilfe. In seinem Hauptberuf ist der 42-Jährige ein erfolgreicher Manager in einem Großunternehmen. Sein Auftreten ist selbstbewusst und in seinem Beruf hat er gelernt, sich durchzusetzen.

Gregor sucht für eine irakische Familie mit sechs Personen eine Wohnung. Um dieses Ziel zu erreichen, geht er Anzeigen im Internet durch und telefoniert. Gerade hat er eine Wohnung besichtigt, die für die Familie passt und finanzierbar wäre. Der Vermieter, Herr Krause, ist sehr angetan von ihm. Als Gregor herausstellt, dass die Wohnung nicht für ihn, sondern eine irakische Flüchtlingsfamilie ist, ist der Vermieter sichtlich enttäuscht und sagt: „Wir melden uns wieder.“

Als sich Herr Krause zwei Tagen später immer noch nicht bei Gregor gemeldet hat, ruft er den Vermieter an und fragt, wann sie den Vertrag machen können. Herr Krause antwortet: „Wir haben die Wohnung anderweitig vergeben.“

Gregor findet heraus, dass acht Wochen später ist die Wohnung immer noch frei und nicht vermietet ist. Er ärgert sich maßlos. Die irakische Familie lebt weiterhin in einem Übergangsheim.

Fragen

1. Was geht Ihnen als Erstes durch den Kopf? Sind Sie in Ihrer Arbeit mit Geflüchteten schon einmal an gesellschaftliche Grenzen gestoßen?
2. Weshalb ist Gregor maßlos verärgert? Welche seiner Werte sind berührt?
3. Wie ist die Aussage von Herrn Krause „Wir melden uns wieder“ zu verstehen? Weshalb möchte er seine Immobilie nicht an die Flüchtlingsfamilie vermieten? Was vermuten Sie, welches Bild er von Geflüchteten hat?
4. Was empfehlen Sie Gregor, wie er mit seinen eigenen Emotionen umgehen kann?
5. Halten Sie es für sinnvoll, dass Gregor mit Herrn Krause ein Konfliktgespräch führt? Wenn ja, wie könnte Gregor argumentieren?

Lösungsmuster

Zu 1: Individuelle Lösung. Diejenigen, die versuchen, für Geflüchtete Wohnungen zu organisieren, werden mit großer Wahrscheinlichkeit eine solche oder ähnliche Situation schon einmal erlebt haben.

Zu 2: Gregor ist darüber verärgert, dass der Vermieter nicht an die irakische Familie vermieten möchte. Er selbst hätte die Wohnung bekommen, doch als er die Geflüchteten ins Gespräch bringt, erhält er unter dem Vorwand, dass die Wohnung anderweitig vermietet wurde, eine Absage. Dabei steht die Wohnung noch Wochen später frei. Gregors Werte der Chancengleichheit, Gleichbehandlung und Ehrlichkeit dürften verletzt sein. Das Verhalten des Vermieters ist klar diskriminierend.

Zu 3: Die Aussage von Herrn Krause „Wir melden uns wieder" ist als eine Absage zu verstehen. Seine Ablehnung möchte er nicht direkt kommunizieren. Allenfalls möchte er noch einmal über die Vermietung an die irakische Familie nachdenken, was allerdings weniger wahrscheinlich ist.

Herr Krause steht einer Vermietung an Flüchtlinge offensichtlich skeptisch gegenüber. Eventuell hat er Zweifel wegen der großen Personenzahl. Vielleicht ist er unsicher über die Lebensweise der Familie und ob sie für die Miete aufkommen wird. Ob er grundsätzlich gegen Zuwanderung und Flüchtlinge eingestellt ist oder seine Ablehnung auf bestimmte Lebensweisen bezogen ist, die er ihnen unterstellt, ist aus der Fallbeschreibung nicht ersichtlich.

Zu 4: Gregor hat die Erfahrung einer Diskriminierung gemacht. Als erfolgreicher Manager wird er in der deutschen Gesellschaft eine hohe soziale Teilhabe haben und selbst keine Benachteiligungen dieser Art erleben. Vermutlich resultiert sein Selbstbewusstsein auch aus der Migrationserfahrung seiner Eltern, nach der er sich das eine oder andere im Leben selbst erkämpfen musste. Dass diese in seinem Leben bisher erfolgreich Strategie im Falle der Wohnungssuche für eine Flüchtlingsfamilie nicht funktioniert, zeigt ihm eine Grenze auf und kann für Gregor eine Ohnmachtserfahrung bedeuten, für die er vermutlich noch keine Umgangsformen gefunden oder erprobt hat. Gregor sollte lernen, diese auszuhalten, und sich bewusst werden, dass viele Zugewanderte tagtäglich ähnliche Erfahrungen machen.

Zu 5: Eigentlich hat Gregor nichts zu verlieren und könnte mit Herrn Krause in den Konflikt gehen. Dabei kann er versuchen, an die Widerstände von Herrn Krause heranzukommen und gezielt dagegen zu argumentieren. Vielleicht könnte Gregor Herrn Krause davon überzeugen, die irakische Familie persönlich kennenzulernen.

Unklar ist, ob die irakische Familie die Wohnung überhaupt schon einmal besichtigt hat. Gregor unterstellt, dass die Wohnung für die Familie passend ist und sie ihr gefällt. Das muss jedoch nicht automatisch der Fall sein (s. Critical Incident 12). Der ehrenamtliche Helfer sollte nicht gegen den Willen der Familie entscheiden, sondern ihr Mündigkeit und eine eigene Meinung zusprechen. Alles andere käme einer Art Machtmissbrauch gleich und würde katastrophale Folgen haben (z. B. dass die Familie gar nicht erst einzieht, schnell wieder wegzieht usw.).

Fall 14: „Sind Sie Juristin?" – Telefonat mit der Ausländerbehörde

Jutta, 60 Jahre und als ehemalige Erzieherin im Vorruhestand, hat die Patenschaft für eine palästinensische Familie übernommen, die christlichen Glaubens und vor einem Jahr nach Deutschland gekommen ist. Gerade hat das BAMF den Asylantrag der Familie positiv entschieden, worüber sich alle sehr gefreut haben (Flüchtlingsstatus nach Genfer Konvention). Es ist eine große Erleichterung zu spüren. Doch ein 16-jähriger Sohn der Familie ist noch im Libanon und die Familie hat zum Ziel, dass er im Zuge der Familienzusammenführung nachreisen kann.

Jutta ruft bei der Ausländerbehörde an. Es ereignet sich folgender Dialog:

Ausländerbehörde (A): „Guten Tag, Ausländerbehörde, Klara Kluge mein Name."

Jutta: „Guten Tag. Ich heiße Jutta Schwarz und betreue die Familie Khoury, die gerade ihre Anerkennung als Flüchtlinge vom BAMF bekommen hat."

A: „Hmhm."

Jutta: „Ein Sohn der Familie, 16 Jahre, ist noch im Libanon. Welche Möglichkeiten gibt es, dass er nach Deutschland kommen kann?"

A: „Sind Sie Juristin?"

Jutta: „Hä? Wie bitte?"

A: „Wer sind Sie?"

Jutta ist wütend.

Fragen

1. Was geht Ihnen als Erstes durch den Kopf? Sind Sie im Rahmen Ihrer Arbeit mit Geflüchteten im Kontakt mit Behörden schon einmal an Grenzen gestoßen?
2. Weshalb ist Jutta wütend? Welche ihrer Werte sind berührt?
3. Wie ist die Frage von Frau Kluge „Sind Sie Juristin?" zu verstehen? Wie erklärt sich ihr Verhalten?
4. Wie wird das Telefonat Ihrer Meinung nach weitergehen?
5. Wenn Sie an der Stelle von Jutta wären, wie würden Sie weiter vorgehen?

Lösungsmuster

Zu 1: Individuelle Lösung. Die Unterstützung bei Behördengängen ist eine wesentliche Aufgabe vieler Ehrenamtlicher. Nicht selten kommt es vor, dass sie dabei an Grenzen stoßen. Diese sind entweder systemimmanent, das heißt liegen im Auftrag der Ämter. Oder sie sind spezifisch für Geflüchtete, da sozial gut integrierte Menschen ohne Zuwanderungsgeschichte oftmals keine Erfahrungen in der Auseinandersetzung mit Sozialämtern, den Ausländerbehörden, dem BAMF oder Jobcenter haben.

Zu 2: Jutta ist wütend, weil ihr Anliegen missverstanden wird: Sie möchte sich nach den Möglichkeiten des Familiennachzugs erkundigen und die Mitarbeiterin der Ausländerbehörde unterstellt ihr, Rechtsanwältin (oder Asylaktivistin?) zu sein, die ggf. vorhat, die Familie juristisch zu vertreten.

Zu 3: Mit der Frage „Sind Sie Juristin?“ gibt Frau Kluge zu verstehen, dass sie von dem Anliegen, das Jutta vorgebracht hat und sehr wahrscheinlich nicht in ihrer Zuständigkeit liegt, verunsichert ist. In der Reaktion spiegelt sich auch ein gewisses Misstrauen wider und Frau Kluge gibt zu verstehen, dass sie zunächst einmal Juttas Rolle kennen will, bevor sie sich weiter mit ihr auseinandersetzt.

Zu 4: Das Telefonat kann schnell in einen Streit und wechselseitig negativen Fremdbildern münden: Frau Kluge ist offenbar wenig motiviert, auf Juttas Anliegen am Telefon einzugehen, und will in mehr oder weniger höflichem Ton das Telefonat schnell zu einem Abschluss bringen, möglicherweise mit der Aufforderung, zu den Sprechzeiten der Ausländerbehörde vorbeizukommen. Jutta könnte sich persönlich missverstanden und in ihrer Rolle angegriffen fühlen. Sie könnte ebenfalls wenig freundlich reagieren und Frau Kluge mangelnde Kundenorientierung, Fremdenfeindlichkeit oder einen respektlosen Umgang zum Vorwurf machen.

Die beschriebene Eskalation wäre das denkbar ungünstigste Szenario. Die Beziehung wäre belastet und würde die weitere Bearbeitung des Anliegens der geflüchteten Familie überschatten.

Zu 5: Jutta sollte zusammen mit der palästinensischen Familie bei der Ausländerbehörde vorsprechen. Sie sollten sich vorab eine Strategie überlegen, wie sie argumentativ und sprachlich agieren. Da der Sachverhalt juristische Spitzfindigkeiten hat und nicht in der originären Zuständigkeit der Ausländerbehörden liegt (die Anträge müssen nach 2017 geltendem Recht bei der für den Aufenthaltsort der Familienangehörigen zuständigen deutschen Auslandsvertretung gestellt werden), wäre es empfehlenswert, sich vorab juristisch beraten zu lassen und ggf. gegen einen negativen Bescheid zu klagen. Aufgrund des Flüchtlingsstatus nach Genfer Konvention dürfte die Familie aber gute Chancen haben, dass dem Nachzug des Sohnes zugestimmt wird.

Fall 15: „Renate hat falsche Versprechungen gemacht" – Beschwerde über eine Ehrenamtliche

Renate, 30 Jahre, engagiert sich neben ihrem Beruf als Vertriebsassistentin ehrenamtlich in einer Flüchtlingsunterkunft. Mehrmals in der Woche besucht sie die dortigen Bewohnerinnen und Bewohner. Im Gegensatz zu anderen Ehrenamtlichen in dem Ort berät sie in erster Linie Männer zwischen 20 und 30 Jahren ohne Familie. Einige der Männer wohnen bereits mehr als sechs Monate in der Unterkunft. Sie könnten in eine eigene Wohnung umziehen, doch es ist nicht leicht, Anbieter zu finden, die ihre Immobilie an diese Klientel vermieten. Trotzdem war sie in dem einen oder anderen Fall bereits erfolgreich.

Heute ist sie wieder in der Unterkunft. Die Sozialarbeiterin Barbara, 55 Jahre und hauptberuflich in der Flüchtlingshilfe tätig, geht auf Renate zu und sagt: „Renate, was ist denn da passiert? Gestern kamen Omar und Hassan aus Syrien zu mir und haben sich über dich beschwert. Du hättest ihnen Wohnungen in Aussicht gestellt, doch dann hättest du keine Wohnung für sie gehabt. Sie meinten: ‚Renate hat falsche Versprechungen gemacht.' Mensch, Renate, das kannst du doch nicht machen!"

Renate ist empört über diese Aussage.

Fragen

1. Was geht Ihnen hier als Erstes durch den Kopf?
   Haben Sie schon einmal Konflikte mit professionellen Helfern in der Flüchtlingsarbeit erlebt?
2. Weshalb ist Renate empört? Welche ihrer Werte sind berührt?
   Wie sieht sie ihr Ehrenamt?
3. Wie ist die Aussage „Renate hat falsche Versprechungen gemacht" zu verstehen?
4. Wie erklärt sich, dass Omar und Hassan mit Barbara über Renate gesprochen haben?
5. Wie könnte die Situation weitergehen:
   a) Was sollte Renate Barbara sagen?
   b) Wie könnte sie mit Omar und Hassan über den Vorfall reden?
   c) Welche Auswirkungen könnte der Vorfall auf das weitere Engagement Renates haben?

Transferfragen

6. Welche Geflüchteten werden von Ihnen bzw. Ihrer Organisation unterstützt und welche nicht? Nach welchen Kriterien findet diese Auswahl statt?
7. Welches Bild gibt es in der Gesellschaft über geflüchtete junge Männer ohne Familie? Welches Bild haben Sie über diese Gruppe?

Lösungsmuster

Zu 1: Individuelle Lösung.

Zu 2: Renates Empörung kann zwei Erklärungen haben: Zum einen könnte sie sich darüber ärgern, dass Barbara sie kritisiert. Diese Kritik könnte Renate als nicht gerechtfertigt erleben oder sie findet es als nicht angebracht, von einer hauptamtlichen Akteurin zurechtgewiesen zu werden. Gegebenenfalls wäre ihre Erwartung an einen respektvollen Umgang verletzt. Zum anderen könnte Renate über Omar und Hassan aufgebracht sein, dass sie Renates Bemühungen weder richtig verstanden noch anerkannt haben. In diesem Fall wären ihre Werte der Dankbarkeit und Anerkennung von Hilfeleistungen tangiert. Möglicherweise findet sie auch die Art und Weise der Kritik an ihrer Person, die ihr nicht direkt, sondern indirekt über Barbara vermittelt wird, hinterhältig oder unehrlich. Ihr Standard einer direkten Kommunikation, welche im Deutschen oft mit Ehrlichkeit gleichgesetzt wird, ist verletzt.

Zu 3: Die Aussage „Renate hat falsche Versprechungen gemacht" könnte so gemeint sein, dass die beiden Geflüchteten Renate so verstanden hatten, dass sie sehr konkret eine Wohnung für sie in Aussicht hat. Umso größer ist jetzt ihre Enttäuschung, dass sie doch nicht aus der Asylunterkunft ausziehen können. Der Umzug in eine eigene Wohnung gehört zu den Nahzielen bzw. großen Hoffnungen vieler Geflüchteter. Dort haben sie mehr Platz, Ruhe und Privatsphäre sowie größere Autonomie bezüglich des Empfangens von Besuchen und vor allem die Möglichkeit, sich selbst mit Essen zu versorgen.

Zu 4: Dass Omar und Hassan mit Barbara über Renate gesprochen haben, kann mehrere Erklärungen haben: Eventuell haben die beiden zu Barbara häufiger bzw. regelmäßiger Kontakt und wollten ihre Enttäuschung unmittelbar mitteilen. Oder sie nehmen Barbara gegenüber Renate als höherstehend in der Hierarchie wahr – Barbara quasi als Chefin von Renate. In vielen Ländern ist es so, dass, wenn Kritik geübt wird, dies direkt an den Chef oder die Chefin geht. Es könnte auch so sein, dass Omar und Hassan sich nicht getraut haben, mit Renate persönlich über ihre Verunsicherung bzw. Enttäuschung zu sprechen, da sie die (sonstige Helfer-)Beziehung zu ihr nicht gefährden wollen. Das Ereignis kann somit mit kulturellen Faktoren erklärt werden, aber auch persönliche oder situative Einflüsse sind wahrscheinlich. Die verschiedenen Aspekte schließen sich nicht aus, sondern stehen wechselseitig in Interaktion.

Zu 5: Wie die Situation weitergehen könnte:

a) Renate sollte Barbara über Ich-Botschaften ihren Unmut offenbaren. Zuvor kann sie über Fragen herausfinden, wie und in welchem Kontext die beiden Geflüchteten mit ihr gesprochen haben, damit Renate ein besseres Verständnis der Situation gewinnt. Am Ende sollte sie auch klarmachen, welche Erwartungen und Wünsche sie an Barbara hat, beispielsweise dass sie bei Beschwerden über sie zunächst einmal neutral bleibt und Rücksprache mit ihr hält, bevor sie urteilt.

b) Renate sollte Omar und Hassan unbedingt auf den Vorfall ansprechen. Zunächst einmal sollte sie über die Wohnungssuche für die beiden aufklären und auch mögliche Schwierigkeiten objektiv benennen. Ferner könnte Renate auch hier mit Ich-Botschaften deutlich machen, wie die indirekte Kritik auf sie gewirkt hat und welches Verhalten sie künftig von den beiden erwartet. Über Fragen kann die Ehrenamtliche die Motive / Absichten von Omar und Hassan für ihr Verhalten ausfindig machen und somit besser einordnen. Abschließend sollten die drei über ihre Erwartungen aneinander sprechen und einen Weg für die Zukunft festgelegen, falls es nochmals Unklarheiten, Enttäuschungen oder nicht realistische Erwartungen aneinander gibt.

c) Wenn der Vorfall weder mit Barbara noch mit Omar und Hassan konstruktiv geklärt wird, könnte das Renate sehr entmutigen und dazu führen, dass sie mit einem negativen Bild über Geflüchtete, das sie auch an andere weitergeben wird, ihr Engagement beendet. Umso wichtiger ist es, das Ereignis aus verschiedenen Perspektiven zu analysieren sowie Kommunikationsweisen und Erwartungen aneinander zu reflektieren.

Transferfragen

Zu 6 und 7: Individuelle Lösung. Siehe auch Überlegungen zu Abhängigkeiten und wechselseitigen Erwartungen im Ehrenamt im Kapitel 3.

Fall 16: „Möge Gott dir ein langes Leben und gute Gesundheit schenken …“ – Dank nach einem Gespräch

Axel ist 32 Jahre alt und arbeitet im Auftrag einer Kommune hauptamtlich als Sozialarbeiter in einer Flüchtlingsunterkunft. Mit Mohammed, einem 25-jährigen Flüchtling aus Syrien, bespricht er dessen beginnende Wohnungssuche. Fatima, eine Ehrenamtliche mit Arabischkenntnissen, dolmetscht. Das Gespräch läuft aus Sicht beider Beteiligten gut bzw. zufriedenstellend. Am Ende bedankt sich der Geflüchtete und sagt zu dem Sozialarbeiter: „Möge Gott dir ein langes Leben und gute Gesundheit schenken und möge er dir deine Kinder und deine Frau viele Jahre erhalten und möge er deine Hände segnen.“ Der Sozialarbeiter dankt ebenfalls.

Ein paar Tage später geht Axel auf die Ehrenamtliche zu und sagt: „Der ist total schleimig aufgetreten, wie unangenehm! Der will sich doch nur einen Vorteil verschaffen, indem er sich mit mir gut stellt.“

Fatima ist empört über die Aussage des Sozialarbeiters.

Fragen

1. Was geht Ihnen hier als Erstes durch den Kopf? Haben Sie schon einmal erlebt, dass sich ein Geflüchteter bei Ihnen in einer Art und Weise bedankt hat, dass es Ihnen überschwänglich vorkam?
2. Wie gelangt Axel zu dem Schluss, dass Mohammed sich bei ihm „einschleimen“ möchte? Weshalb ist ihm das Verhalten des Geflüchteten unangenehm? Welche seiner Werte sind berührt? Würde ein Ehrenamtlicher anstelle von Axel die Situation anders erleben?
3. Worüber ist Fatima wütend? Welche ihrer Werte sind berührt?
4. Weshalb verhält sich Mohammed so, wie er sich verhält? Welche Bedeutung hat der Satz zur Verabschiedung?
5. Was empfehlen Sie Fatima, wie sie mit Axel über die Situation reden kann?
6. Was empfehlen Sie Axel, um eine Klärung der Situation herbeizuführen?

Lösungsmuster

Zu 1: Individuelle Lösung. Dankesbekundungen fallen in vielen Kulturen der Welt sehr emotional aus und können aus deutscher Sicht „überschwänglich“ bzw. „unverhältnismäßig“ wirken.

Zu 2: Zu dem Schluss, dass Mohammed sich bei ihm „einschleimen“ möchte, kommt Axel vermutlich deshalb, weil Mohammed sehr davon abhängig ist, dass Axel für ihn eine Wohnung findet. Axel vermutet, dass der auf ihn unangemessen wirkende Dank von Mohammed instrumentell eingesetzt wird. Dies verletzt Axels Autonomie und Auftrag der Neutralität. Auch viele Ehrenamtliche wären in der Situation vermutlich etwas befremdet, würden das Verhalten aber vermutlich nicht negativ deuten. Das Befremden könnte sich auch an anderen Punkten festmachen, beispielsweise dass der Geflüchtete annimmt, dass sein Gegenüber Frau und Kinder hat, was jedoch nicht notwendigerweise eine erstrebenswerte Orientierung in einer individualisierten Gesellschaft sein muss.

Zu 3: Fatima ist wütend darüber, dass Axel dem Geflüchteten negative Absichten unterstellt. Fatima interpretiert die Situation völlig anders als Axel, da sie mit der arabischen Kultur vertraut zu sein scheint. Vermutlich sind Fatimas Werte, Geflüchteten mit einem positiven Menschenbild zu begegnen und in Befremdungssituationen auch nach eigenen Anteilen zu suchen, verletzt. Axel sieht seine Interpretation als einzig gültige an und zeigt keine Offenheit für alternative Erklärungsansätze. Dieses Verhaltensmuster kann als ethnozentrisch eingeordnet werden.

Zu 4: Mohammed geht davon aus, dass sein weiteres Wohlergehen, insbesondere ob er in eine eigene Wohnung umziehen darf und kann, von der Gunst Axels abhängig ist. Es existiert eine Helferbeziehung mit einer klaren Hierarchie zwischen Helfendem und Hilfebedürftigem. Insofern hat Mohammed ein nachvollziehbares Interesse, sich mit Axel gut zu stellen. Mit dem Dankessatz zur Verabschiedung möchte Mohammed seinen Respekt und seine Wertschätzung gegenüber Axel signalisieren. Es ist nach seiner kulturellen Sozialisation üblich, helfenden Personen mit großer Wertschätzung zu begegnen, was sich auch sprachlich niederschlägt. Der Satz ist nicht auf Axels persönliche Lebenslage abgestimmt, sondern einfach eine islamische Dankesform.

Zu 5: Fatima sollte Axel anbieten, ihm die Situation aus kultureller Sicht zu erklären. Dadurch bekommt Axel eine Chance zur Perspektiverweiterung und kann aufgrund dessen seine eigenen Interpretationen relativieren – sofern er denn dazu bereit ist!

Zu 6: Axel sollte gegenüber Mohammed klarstellen, was er für ihn tun kann und wird, sodass keine falschen oder unrealistischen Erwartungen entstehen (s. Fall 15). Eventuell könnte er Fatima auch vermitteln, wie er bei der Wohnungssuche vorgeht und dass sein Bemühen nicht abhängig von Geldleistungen oder Komplimenten ist.

Fall 17: Befremdliches Verhalten beim Optiker

Anita arbeitet in der Flüchtlingshilfe. Ali, ein verheirateter Mann von 45 Jahren aus Syrien, soll heute eine neue Brille bekommen. Dazu sucht sie mit ihm und einigen anderen Geflüchteten, die ein Rezept für eine Brille bekommen haben, ein Brillengeschäft auf.

Die Sehstärken sind bestimmt und es geht darum, ein Gestell zu wählen. Die Verkäuferin, die ca. Mitte 20 ist, begegnet Ali sehr freundlich und zeigt ihm diverse Modelle, die der aktuellen Mode entsprechen. Ali nimmt das Gestell in die Hand, probiert es aber nicht aus und sagt auch nicht, ob es ihm gefällt. Auf diese Weise werden fünf Modelle hin- und hergereicht. Nonverbal ist zu erkennen, dass Ali die Gestelle nicht will.

Als sich die Verkäuferin um einen anderen Geflüchteten kümmert, holt der syrische Mann selbst ein Modell, das ganz anders ist als diejenigen, die ihm die Verkäuferin zeigte. Er probiert es an und gibt zu verstehen, dass er das gerne hätte.

Anita empfindet Alis Verhalten als unangebracht.

Fragen

1. Wie erlebt Anita die Situation? Was genau empfindet sie als unangebracht?
2. Was ist in der Kommunikation zwischen der Verkäuferin und Ali schwierig? Weshalb?
3. Welche Bedürfnisse hat Ali? Was ist ihm wichtig?
   Stufen Sie die Wahrscheinlichkeit der nachfolgenden Erklärungen für Alis Verhalten ein:
   a) Ali wollte nicht, dass die Verkäuferin als Frau ein Modell für ihn aussucht (kulturpsychologische Erklärung): Er hatte Schwierigkeiten, von einer jungen Frau beraten zu werden, weil ihm dies ungewohnt ist und ihn verunsichert.
   b) Ali war es wichtig, autonom agieren zu dürfen und nicht fremdbestimmt zu sein. Er wollte sich selbst ein Gestell aussuchen (personenbezogene Erklärung).

c) Ali wollte nicht direkt nein sagen (kommunikationspsychologische Erklärung mit kulturspezifischen Aspekten): In vielen Ländern wird aus Höflichkeit und zur Aufrechterhaltung von Harmonie und guten Beziehungen nicht direkt nein gesagt. Ablehnung oder Nichtgefallen werden indirekt, para- oder nonverbal, signalisiert, beispielsweise über Umschreibung oder Zurückhaltung.
d) Ali war misstrauisch und dachte, dass ihm die Verkäuferin ein möglichst billiges Modell aussuchen wollte, weil der deutsche Staat nur ein solches bezahlen würde. Er wollte sich aber eine besonders schöne Brille aussuchen und seinen Stolz bewahren (Erklärung über flucht- / migrationsspezifische Erfahrung).

4. Angenommen, Anita soll erneut mit Geflüchteten aus arabischen Ländern (Nahost) zum Optiker gehen. Welche Empfehlungen würden Sie ihr für den nächsten Besuch in dem Laden geben? Welche Vereinbarungen kann sie mit der Verkäuferin treffen?

Lösungsmuster

Zu 1: Die Situation kann auf Anita aus mehreren Gründen befremdlich wirken: Zum einen irritiert es sie, dass Ali nicht auf die vorgeschlagenen Modelle eingeht, er aber ebenso wenig seine Interessen gegenüber der Verkäuferin zu verstehen gibt. Zum anderen kann sie genau dieses Verhalten als Ablehnung oder Respektlosigkeit Alis gegenüber der Verkäuferin interpretieren.

Zu 2: Die Situation muss keine kulturspezifischen Aspekte implizieren (siehe Antworten zu Punkt 3). Mögliche Schwierigkeiten in der Interaktion zwischen Ali und der Verkäuferin oder Anita resultieren vermutlich stärker aus dem Fremdbild gegenüber Ali oder Fehlattributionen in der Form, dass dem Geflüchteten unterstellt wird, er würde mit seinem Verhalten Frauen ablehnen.

Zu 3: Am wahrscheinlichsten sind die Erklärungen c) und d); a) und b) sind eher unwahrscheinlich bzw. würden nur dann zum Zuge kommen, wenn die Verkäuferin dem syrischen Geflüchteten unfreundlich begegnet wäre.

Zu 4: Individuelle Lösung. Anita könnte beispielsweise vereinbaren, dass sich die Geflüchteten zunächst selbst umschauen und mögliche Brillengestelle ausprobieren. Auf diese Weise würden sie nicht vorschnell in eine fremdbestimmte Rolle gedrängt werden, der sie ansonsten in ihrem derzeitigen Leben stark ausgesetzt sein dürften (z. B. Warten auf das Interview oder den Bescheid des BAMF, keine Einflussnahme auf den Speiseplan). Vorab könnte Anita mit den Geflüchteten auch besprechen, welche Grundstandards für den Besuch beim Optiker in Deutschland gelten: dass der Preis beispielsweise nicht verhandelt wird und man Gespräche nicht so laut führt, dass sich andere Kundinnen und Kunden dadurch gestört fühlen.

Fall 18: „Na, da haben wir uns ja was eingebrockt …" – Gespräch mit einem Geflüchteten, der eine Frau belästigt haben soll

In einer Flüchtlingsunterkunft steht das Gespräch mit drei Männern aus Syrien an, die dort leben und sich laut angeschrien haben. Der Sicherheitsdienst konnte eine Schlägerei verhindern. Gegen einen der Beschuldigten, den 36-jährigen Herrn Jafar, liegt eine Beschwerde wegen sexueller Belästigung vor. Er soll einer anderen Geflüchteten gegenüber anzügliche Bemerkungen gemacht haben, verbunden mit der Aufforderung, dass sie mit ihm schläft. Sozialarbeiter Willi sucht mit den Beteiligten das Gespräch. Dieses wird durch einen Sprachmittler gedolmetscht.

Willi stellt Herrn Jafar die Frage, was genau passiert ist. Herr Jafar teilt mit, dass er der Frau für eine Verlobung mit ihm Geld gegeben habe. Willi fragt nach, wie eine Verlobung möglich sei, da er in Syrien verheiratet ist. Herr Jafar erklärt, dass ihm seine Religion verbiete, in ein Freudenhaus zu gehen, deshalb wolle er die Frau gegen Geld als Zweitfrau heiraten. Als die Frau nicht mehr wollte, habe er das Geld zurückverlangt. Daraufhin hätten ihn die Söhne der Frau verprügelt. Herr Jafar behauptet, er habe die Frau niemals körperlich belästigt.

Willi ist fassungslos und denkt sich: „Na, da haben wir uns ja was eingebrockt …"

Anmerkung

Der Critical Incident ist aus der Perspektive eines hauptamtlichen Akteurs in der Flüchtlingshilfe geschrieben. Offenbar gibt es in der Asylunterkunft bereits professionelle Unterstützungsstrukturen. In manchen Orten ist dies (noch) nicht der Fall, sodass auch Ehrenamtliche in die Rolle von Willi geraten könnten.

Fragen

1. Was geht Ihnen als Erstes durch den Kopf?
2. Was sagt Willi mit seinem Gedanken „Na, da haben wir uns ja was eingebrockt …" über sich selbst aus? Welches Bild hat er über Geflüchtete?

3. Was wissen Sie über die (Lebens-)Situation der Geflüchteten? Wie erklärt sich ihr Verhalten? Welche kultur- und migrationsspezifischen Faktoren spielen eine Rolle?
4. Was empfehlen Sie Willi, wie er sich weiter verhalten kann?
5. Angenommen, Willi arbeitet schwerpunktmäßig in einem Asylheim mit Geflüchteten, unter denen es immer wieder zu Streit und Schlägereien kommt. Was würden Sie ihm empfehlen, wie er trotz negativer Erfahrungen eine positive und motivierende Einstellung zu seinem Beruf behalten kann?

Lösungsmuster

Zu 1: Individuelle Lösung. Dass Helferinnen und Helfer in der Flüchtlingsarbeit mit Lebensweisen und Konfliktregelungen konfrontiert werden, die nicht westeuropäischen Vorstellungen entsprechen, dürfte in Erstaufnahmeeinrichtungen und Übergangsheimen immer mal wieder vorkommen.

Zu 2: Mit seinem Gedanken „Na, da haben wir uns ja was eingebrockt …" gibt Willi zu verstehen, dass er die Lebensweise von Herrn Jafar (angestrebte Mehrfachehe, Verlobung für Geld) und (oder) die Konfliktregelung in diesem Fall (körperliche Auseinandersetzung, mögliche sexuelle Belästigungen) ablehnt. Wahrscheinlich hält er diese Praktiken für das Zusammenleben in der Einwanderungsgesellschaft für problematisch. Vielleicht steht er dieser Form von Zuwanderung sogar insgesamt kritisch gegenüber. Bestimmte Geflüchtete aus Syrien und anderen (muslimisch?) geprägten Ländern bringen Lebensweisen, Wertvorstellungen und Konfliktaustragungen mit, die er ablehnt.

Zu 3: Die (Lebens-)Situation der Geflüchteten in Deutschland dürfte für die Betreffenden nicht leicht sein. Offenbar lebt Herr Jafar von seiner Familie getrennt, was für ihn ungewohnt sein wird, und die in dem Fall genannte Frau scheint ohne Ehemann nach Deutschland geflohen zu sein. Herr Jafar sucht nach der Möglichkeit eines sexuellen Kontaktes zu einer Frau, was nach seinen Wert- und (oder) religiösen Vorstellungen jedoch nur in einer Ehe umsetzbar ist. Eine Zweitehe stellt dabei einen für ihn gangbaren Weg dar.

Bisher hat Herr Jafar keinen Heiratsvertrag nach islamischem Recht mit der Frau geschlossen, sondern sich lediglich verlobt. Bei einer Verlobung erwartet die Frau, dass sie beschenkt wird. Dieses Geschenk und ggf. das Geld darf nicht zurückgefordert werden.

Ohne einen Ehemann ist die Frau in einer Asylunterkunft relativ schutzlos. Ihre Söhne sind allerdings bei ihr und versuchen sie vor Unheil zu bewahren. Eventuell hat sie die Ehe gewollt, doch ihre Söhne waren möglicherweise dagegen, was der Grund für das plötzliche Umdenken der Frau und den späteren Konflikt mit dem Mann darstellte, der ihr die Verlobung angeboten hatte. Auch denkbar ist, dass sie oder ihre Söhne von der Verlobung Abstand nahmen, als sie von Herrn Jafars Ehefrau in Syrien erfahren haben. All dies sind aber lediglich Hypothesen, die im Gespräch validiert werden müssten.

Sicher ist, dass der Konflikt außerhalb eines Kontextes von Flucht und Migration in dieser Weise nicht entstanden wäre.

Zu 4: Willi hat keine leichte Aufgabe und keine leichte Rolle. Zunächst einmal sollte er versuchen zu klären, was wirklich passiert ist und wie die Erwartungen aneinander waren. Er sollte den Geflüchteten empathisch zuhören und mehr über die Hintergründe erfahren. Anschließend sollte er die Rechtslage in Deutschland herausstellen und Möglichkeiten aufzeigen, Konflikte gewaltfrei auszutragen. Er sollte klarstellen, welches Verhalten im Umgang miteinander in der Asylunterkunft erwünscht ist und welches im Gegensatz dazu zur Folge hat, ins Visier der Sicherheitsbehörden zu geraten und seinen Aufenthaltsstatus zu riskieren.

In Deutschland übliche Formen der Konfliktaustragung könnten Thema einer Veranstaltung oder eines Workshops sein, der in der Asylunterkunft durchgeführt wird.

Für den Fall, dass es wieder zu einem Konflikt oder Problem kommt, kann sich Willi als Vermittler anbieten.

Sollte diese Vorgehensweise keinen Erfolg zeigen, muss darüber nachgedacht werden, Anzeige zu erstatten und (oder) eine der beiden Parteien zu verlegen.

Zu 5: Individuelle Lösung. Willi sollte seine Haltungen sehr gut reflektieren und gegensteuern, wenn er bemerkt, dass er durch seine Arbeit ein gefestigtes, pauschal negatives Bild über Geflüchtete entwickelt. Es ist noch ein Tabu, doch die Praxis zeigt, dass haupt- und ehrenamtliche Akteurinnen und Akteure in der Migrationsarbeit mit Problemen, Konflikten und Folgen von Zuwanderung konfrontiert werden, die sie weder handhaben noch lösen können. Mittel- und langfristig gesehen werden diese aus ihrem Blickwinkel betrachtet zu gesellschaftlichen Kontroversen führen. Wer mit diesem Spannungsfeld nicht klarkommt, sollte überlegen, sich einen anderen Wirkungskreis zu suchen.

Manche Akteurinnen und Akteure pflegen einen Austausch innerhalb ihrer Organisation, um auf Probleme aufmerksam zu machen und in den Dialog zu gehen.

Fall 19: „Das wirft ein ganz schlechtes Licht auf uns!" – Beschwerde über einen Flüchtlingspaten

Dirk, 44 Jahre, arbeitet hauptamtlich als Bankkaufmann und engagiert sich seit einigen Monaten ehrenamtlich als Flüchtlingspate. Er betreut derzeit die aus Syrien geflohene Familie Al-Hafidi, bestehend aus dem Vater, der Mutter und deren drei Kindern (2, 3 und 6 Jahre). Dirk ist sehr engagiert und besucht die Familie regelmäßig in deren Wohnung, um mit ihnen über die anstehenden Dinge zu sprechen. Bei seinen Besuchen fällt ihm auf, dass Frau Al-Hafidi kaum redet und sehr verhalten reagiert, wenn er ihr zur Begrüßung und zum Abschied die Hand reicht. Dennoch besteht Dirk drauf, ihr die Hand zu geben, da er ihr Respekt zeigen will und der Meinung ist, dass sich das in Deutschland so gehört.

Eines Tages erhält Dirk einen Anruf von Susanne, der hauptamtlichen Koordinatorin des Programms, die ihm mitteilt, dass er nicht mehr für die Familie Al-Hafidi zuständig sei. Auf die Frage nach dem Warum erklärt ihm Susanne, dass die Familie sich über ihn beschwert und nach einer neuen Betreuung, möglichst einer Frau, gefragt habe. Susanne teilt mit: „Herr Al-Hafidi meinte, du hast seine Frau allein in der Wohnung aufgesucht und hättest sie gezwungen, deine Hand zu schütteln. Das hat die Familie sehr aufgebracht! Wie kannst du nur so etwas tun? Das wirft ein ganz schlechtes Licht auf uns!"

Dirk ist entsetzt und versteht die Welt nicht mehr. Er kann sich noch gut an den Besuch erinnern, als Frau Al-Hafidi allein zu Hause war. Er hatte ihr lediglich ein paar Unterlagen vorbeigebracht.

Fragen

1. Was geht Ihnen als Erstes durch den Kopf? Welche Erfahrungen haben Sie mit (körperlicher) Nähe und Distanz im Umgang mit Geflüchteten gemacht?
2. Worüber ist Dirk entsetzt?
3. Welche Botschaften enthält Susannes Aussage „Wie kannst du nur so etwas tun? Das wirft ein ganz schlechtes Licht auf uns!"?
4. Wie hat die Familie Al-Hafidi die Situation empfunden?
5. Was empfehlen Sie Dirk zum Umgang mit der Situation?

Lösungsmuster

Zu 1: Individuelle Lösung. Der Umgang mit Nähe und Distanz in der Interaktion mit Geflüchteten ist oftmals, gerade zu Beginn des Kontaktes, mit Unsicherheiten belegt.

Zu 2: Dirk ist darüber entsetzt, dass ihm die Patenschaft aufgrund einer Begrüßungsform entzogen wird, die in Deutschland üblich und sogar in hohem Maße erwünscht ist. Hinzu kommt, dass Dirks Besuch, als Frau Al-Hafidi allein gewesen ist, auf die syrische Familie irritierend gewirkt hat. Die kulturellen Vorstellungen der Familie werden über seine eigenen gestellt. Dirks Ansicht und Vorstellungen werden nicht gehört. Stattdessen wird von ihm eine Anpassung erwartet, für die er weder eine Notwendigkeit gesehen noch ein Bewusstsein besessen hat.

Zu 3: Susannes Aussage „Wie kannst du nur so etwas tun? Das wirft ein ganz schlechtes Licht auf uns!" vermittelt Dirk, dass er nicht richtig gehandelt hat und sich aufgrund dessen schuldig fühlen soll. Die Aussage ist als Vorwurf zu verstehen und beinhaltet zugleich die Sorge, dass der von Susanne monierte „Fehler" ein schlechtes Bild auf die gesamte Organisation bzw. das gesamte Programm werfen könnte.

Zu 4: Die Familie Al-Hafidi war sehr irritiert darüber, dass Dirk die Frau mit Handschlag begrüßt und ihr Unterlagen vorbei gebracht hat, als sie allein zu Hause war. Das war nach dem Empfinden der Familie zu viel Nähe eines Mannes, der in keiner verwandtschaftlichen Beziehung zu ihr steht, gegenüber der Frau.

Gegenüber einem Sohn, Bruder, Vater oder Großvater wäre dieses Verhalten aus islamischer Sicht in Ordnung gewesen. Nach islamischem Verständnis darf die Frau keinen fremden Mann die Hand schütteln (dies gilt für alle Männer, die sie grundsätzlich heiraten könnte). Ferner darf sie nicht allein mit einem Mann in einem Raum sein, der dieses Merkmal erfüllt. Wenn das Ehepaar so viel Wert auf islamische Traditionen legt, muss aber auch gefragt werden, weshalb sich die Frau auf den Handschlag eingelassen und den ehrenamtlichen Helfer in die Wohnung gelassen hat. Sie hätte Dirk signalisieren können, dass ihr dies unangenehm ist.

Zu 5: Dirk sollte zunächst einmal das Gespräch mit Susanne suchen und darauf hinwirken, dass auch seine Sicht gehört wird. Die beiden sollten sich darüber austauschen, in welcher Weise mit verschiedenkulturellen Vorstellungen und Verhaltensweisen umgegangen werden kann. Es wäre wünschenswert, dass das Hineintreten in ein Fettnäpfchen nicht als unüberbrückbarer Fehler ausgelegt wird. Ferner sollte der Umgang mit kultureller Verschiedenheit nicht darin bestehen, dass sich eine Seite der anderen anpasst.

Wichtig wäre es, einen Aushandlungsprozess zu finden, in dem sich beide Seiten artikulieren können und ein Zwischenraum gefunden wird, in dem sie ihr Gesicht wahren können und ein gemeinsamer Weg möglich wird. Eine Begrüßung ist beispielsweise auch ohne Handschlag denkbar, indem sich die Personen „guten Tag“ sagen und zunicken.

Fall 20: „Keine Kuchen, bitte" – Offener Protest gegen ein Hilfsangebot

Der 25-jährige Mohsen ist aus dem Iran nach Deutschland geflüchtet. Vor über einem Jahr hat er seinen Asylantrag gestellt, doch wurde bisher nicht darüber entschieden. Seit drei Monaten besucht er einen Deutschkurs, der von Ehrenamtlichen in einem Gemeindezentrum organisiert und zweimal die Woche durchgeführt wird. Mohsen nimmt regelmäßig an dem Kurs teil. Da er im Iran bereits ein Studium abgeschlossen hat und gut Englisch spricht, fällt ihm das Lernen nicht schwer.

Es ist zu einer Gewohnheit geworden, dass die Lehrerinnen und andere Gemeindemitglieder zu jedem Unterrichtstermin zwei oder drei Kuchen mitbringen. Die zehn Teilnehmenden des Kurses kosten davon. Oft bleibt noch viel übrig. Die Lehrkräfte überreden dann die Teilnehmenden, das Übriggebliebene mit nach Hause zu nehmen.

Gerade soll der Deutschunterricht beginnen. Mohsen meldet sich und sagt mit verärgertem Unterton zu Hilde (65 Jahre), die heute den Unterricht leiten wird: „Jeden Tag immer wieder Kuchen. Kuchen jeden Tag. Wir keine Kuchen. Nichts schmecken. Keine Kuchen, bitte. Aber danke."

Hilde ist irritiert.

Fragen

1. Was geht Ihnen als Erstes durch den Kopf? Haben Sie schon einmal erlebt, dass eines Ihrer Hilfsangebote nicht angenommen wurde?
2. Worüber ist Hilde irritiert? Welche ihrer Werte und Standards sind berührt? Wie wirkt Mohsens Verhalten auf sie?
3. Worauf basiert Mohsens Ärger? Welche seiner Werte und Standards sind berührt?
4. Wie erklärt es sich, dass Mohsen seine Kritik so direkt und emotional äußert?
5. Hätte er andere Möglichkeiten gehabt, die Hilfe abzulehnen?
6. Was empfehlen Sie Hilde, wie sie mit der Situation umgehen kann? Was sollte sie tun?

Lösungsmuster

Zu 1: Individuelle Lösung. Das Angebot von Hilfe- und Unterstützungsleistungen sowie der Umgang mit den Reaktionen darauf sind sowohl für Ehren- als auch Hauptamtliche ein zentrales Thema.

Zu 2: Hilde ist vermutlich irritiert, da ihrer Erwartung nach Dank und Anerkennung nicht entsprochen wird. Dass eine gut gemeinte Hilfe nicht angenommen oder gar wie hier in direkter Form kritisiert bzw. abgelehnt wird, entspricht nicht ihrem Wert nach Dankbarkeit und einem höflichen, respektvollen Umgang miteinander.

Eventuell hat sie ein traditionelles Frauen- / Mutterbild und definiert sich über weiblich besetzte Tätigkeiten. Das Kuchenbacken gehört dazu und insofern könnte sie sich auch in ihrem Selbstverständnis als Frau bzw. Mutter verletzt fühlen.

Zu 3: Es ist sehr wahrscheinlich, dass Mohsen bereits seit Längerem Signale der Unzufriedenheit mit den Kuchen ausgesendet hat. Diese wurden von den Ehrenamtlichen nicht wahrgenommen oder ignoriert. Insofern hat sich Mohsens Ärger angestaut und entlädt sich nun in geballter Form. Er und auch die sonstigen Teilnehmenden des Deutschkurses bevorzugen Süßigkeiten in anderen Geschmacksrichtungen. Und sie lehnen offenbar auch die Rolle ab, Hilfe dieser Art adressiert zu bekommen. Wer Hilfe annimmt und sich bedankt, befindet sich in der Regel in einer unterlegenen Position.

Zu 4: Mohsen ist dabei, Deutsch zu lernen. Seine bisherigen Sprachkenntnisse und seine sprachliche Sensibilität im Deutschen ermöglichen ihm nur diese direkte Ausdrucksform. Hinzu kommt mit hoher Wahrscheinlichkeit der Umstand, dass sich sein Ärger angestaut hat (s. Punkt 3).

Zu 5: Eigentlich hätte Mohsen kaum eine andere Möglichkeit gehabt, die Hilfe abzulehnen. Wie bereits geschildert, wurden indirekte Signale vermutlich nicht registriert und für mehr diplomatisches Geschick fehlt ihm wahrscheinlich die sprachliche Expertise.

Zu 6: Hilde sollte ihren eigenen Anteil am Entstehen der Situation und die Helferbeziehung reflektieren. Darüber hinaus könnte sie zum

Verständnis der Situation bei Mohsen und den anderen nachfragen. Das Äußern von Kritik und Unzufriedenheit kann darüber hinaus im Deutschunterricht thematisiert werden. Den Geflüchteten kann Raum gegeben werden zu erzählen, welche Süßigkeiten in ihren Ländern verbreitet sind und geschätzt werden. Eventuell könnte man diese auch gemeinsam zubereiten.

Fall 21: „Sie müssen der Familie eine Wohnung geben!" – Forderungen an die Verwaltung

Christina hat die Patenschaft für eine syrische Familie mit vier kleinen Kindern übernommen (2, 4, 5 und 7 Jahre). Die Familie wohnt noch in der Erstaufnahmeeinrichtung, jedoch aufgrund ihres christlichen Glaubens in einem geschützten Bereich für Christen, wo sie über zwei eigene, abschließbare Zimmer und eine Kochstelle verfügt. Vor etwa acht Wochen hatte sie ihren Asylantrag gestellt.

Die Situation der Familie ist untragbar, denkt sich Christina immer wieder und setzt sich zum Ziel, für die Familie eine bessere Lebenssituation zu erreichen. Heute wendet sie sich an das zuständige Sozialamt und den dortigen Koordinator für die Integration von Geflüchteten namens Kegel. Es ereignet sich folgender Dialog:

Christina: „Hören Sie mal, der Familie muss geholfen werden. Das sind Christen und die können nicht weiter in der Erstaufnahme bleiben."

Herr Kegel: „Hm?"

Christina: „Verstehen Sie das denn nicht?! Das sind Christen! Die brauchen jetzt eine eigene Wohnung. Und die drei kleinen Kinder müssen in die Kita gehen. Am besten in die in der Nachbarstraße von mir, die hat ein gutes Konzept und Kinder aus guten Familien. Und der Große, der muss in die Schule gehen. Schulen Sie das Kind in die Lichtenberg-Schule ein, die liegt in meinem Stadtteil und hat einen guten Ruf."

Herr Kegel: „So funktioniert das nicht."

Christina: „Das muss aber funktionieren, sonst beschwere ich mich bei Ihrer Chefin!"

Herr Kegel denkt sich: O nein, schon wieder eine von denen. Nachdem er Christina gesagt hat, dass sie sich gerne beschweren könne, beendet er genervt das Gespräch.

Fragen

1. Was geht Ihnen als Erstes durch den Kopf?
2. Frage an Ehrenamtliche: Haben Sie schon einmal erlebt, dass Sie mit Ihrer Bitte, etwas für Geflüchtete zu erreichen, nicht weitergekommen sind?
   Frage an Hauptamtliche: Haben Sie schon einmal erlebt, dass Ehrenamtliche Forderungen an Sie gestellt haben?
3. Wie ist Christinas Gedanke, die Situation der Familie ist untragbar, zu verstehen? Wie erklärt sich ihr Verhalten gegenüber dem Sozialamt?
4. Wie ist der Gedanke von Herrn Kegel, o nein, schon wieder eine von denen, zu verstehen? Worüber ist er genervt?
5. Weshalb geht Herr Kegel nicht auf Christinas Forderungen ein?
6. Was empfehlen Sie Christina / Herrn Kegel, wie sie sich miteinander verständigen können?
7. Welche Möglichkeiten hat Christina, sich für die Familie zu engagieren? Wo trifft ihr Engagement auf Grenzen?

Lösungsmuster

Zu 1: Individuelle Lösung. Der Austausch mit Behörden gehört zur Alltagsnormalität vieler haupt- und ehrenamtlicher Helferinnen und Helfer in der Flüchtlingsarbeit.

Zu 2: Individuelle Lösung. Manche Ehrenamtliche gehen ihre Arbeit idealistisch an und kennen sich – zumindest mit dem Ablauf eines Asylverfahrens, den Zuständigkeiten und Behördenstrukturen für geflüchtete Menschen – nicht aus. Hauptberufliche Helferinnen und Helfer haben die Aufgabe, das Engagement von Ehrenamtlichen zu koordinieren, kommen aber mitunter an Grenzen, wenn sie auf Ignoranz oder Unkenntnis von Strukturen, Prozessen und Rahmenbedingungen bei Ehrenamtlichen stoßen.

Zu 3: Christinas Gedanke, die Situation der Familie ist untragbar, ist so zu verstehen, dass sie auf die besondere Situation der Familie aufgrund ihrer Religion und der Anzahl der Kinder hinweisen möchte. Sie will ihrer Bitte bzw. Forderung besonderen Nachdruck verleihen.

Womöglich erhofft sie sich Vorteile davon, konkrete Forderungen aufzustellen, ihr Gegenüber unter Druck zu setzen oder mit Blick auf ihre christliche Religion eine Solidarisierung zu bewirken.

Zu 4: Herrn Kegels Gedanke, o nein, schon wieder eine von denen, kann so verstanden werden, dass er mit Verhaltensweisen, wie Christina sie ihm gegenüber zeigt, offenbar häufiger konfrontiert wird. Er ist darüber genervt, dass die Ehrenamtliche die Strukturen und Prozesse im Asylverfahren entweder nicht kennt oder aushebeln möchte. Vermutlich ist es nicht seine Aufgabe oder Rolle, Christina zu erklären, dass ein Schul- und Kindergartenbesuch nicht vorgesehen ist, solange die Familie in einer Erstaufnahmeeinrichtung wohnt. Auch die Frage eines Umzugs kann in der momentanen Situation der Familie nicht von der Kommune entschieden werden, da ihre Verlegung in einen Landkreis oder eine Stadt von einer anderen Stelle geregelt wird (z. B. vom Regierungspräsidium). Kommunen, die eine Erstaufnahmeeinrichtung haben, müssen in der Regel keine Geflüchteten langfristig aufnehmen bzw. integrieren – so der ursprüngliche Ansatz.

Möglicherweise ist Herr Kegel auch deshalb genervt, weil die Familie im Vergleich aller Erstaufnahmeunterbringungen eine relativ gute Situation hat: zwei abschließbare Zimmer, Kochstelle, separater Trakt für Christen. Er mag Christinas Forderungen als „Meckern auf hohem Niveau" ansehen. Im Übrigen obliegt die Organisation der Erstaufnahmeeinrichtungen dem Land und nicht der Kommune. Herr Kegel hat also keinen Einfluss auf die Gestaltung der Erstaufnahme.

Zu 5: Herr Kegel geht nicht auf Christinas Forderungen ein, weil er erstens keine direkte Zuständigkeit für die Erstaufnahmeeinrichtung hat, zweitens aus der Erstunterbringung heraus in der Regel kein Besuch einer schulischen oder vorschulischen Bildungseinrichtung möglich ist und drittens auch die Wohnungsfrage erst relevant wird, sobald die Familie die Erstunterbringung verlässt und einem anderen Kreis bzw. einer anderen Stadt zum weiteren Verbleib zugewiesen wird.

Zu 6: Christina sollte sich zu den Strukturen und Abläufen eines Asylverfahrens informieren, zum Beispiel bei Veranstaltungen, die von vielen Trägern bzw. Koordinationsstellen für Ehrenamtliche durchgeführt werden. Sie sollte sich darüber bewusst werden, was ihre Rolle ist und wo ihre Einflussnahme an Grenzen stößt (s. Punkt 7).

Ideal wäre es, wenn es für Ehrenamtliche mit verschiedenen Ämtern gemeinsame Veranstaltungen geben würde, sodass sich Herr Kegel und Christina kennenlernen und verständigen könnten. Dies würde sicherlich auch Herrn Kegel helfen, die Ehrenamtlichen besser einschätzen zu können und ihre Arbeit zu würdigen.

Zu 7: Christina hat die Möglichkeit, die Familie bei Alltagsfragen, die sich kurz nach einer Flucht stellen, zu beraten und zu betreuen. Es geht beispielsweise um eine Orientierung im Gesundheitssystem, im räumlichen Umfeld, beim Einkauf von Dingen des täglichen Bedarfs usw. Ihr Engagement trifft da an Grenzen, wo Behörden ins Spiel kommen und über den Aufenthaltsstatus, die weitere Unterbringung sowie die Zukunft der Familie entscheiden.

Fall 22: „Wie lange soll das denn noch gehen?" – Überforderung eines Ehrenamtlichen

Holger, 65 Jahre und in Rente, hat seit einem Jahr mit seiner Frau Eva für eine aus Afghanistan geflüchtete Familie mit drei Kindern (8, 12 und 14 Jahre) die Patenschaft übernommen. Sie kümmern sich unter anderem um schulische Fragen der Kinder (z. B. Integration der Kinder in den Klassenverband, Besuch von Elternabenden), lösen Alltagsprobleme im Wohnumfeld und sorgen für Orientierung im Gesundheitssystem. Die Verständigung ist nicht leicht, wird aber zunehmend besser, da die Kinder allmählich beginnen, Deutsch zu sprechen. Die Mutter der Familie soll demnächst mit einem Deutschkurs beginnen, der Vater ist bereits seit einem halben Jahr dabei.

Der Deutschlehrer teilt Holger mit, dass der Vater der Familie große Probleme habe, dem Unterricht zu folgen. Er habe Konzentrationsschwierigkeiten und sich bisher nicht einen einzigen deutschen Satz merken können. Mit Hilfe der 14-jährigen Tochter kommt Holger mit dem Vater über dieses Thema ins Gespräch. Nach einer Stunde deutet die Tochter an, ihr Vater habe bereits in Afghanistan psychische Probleme und immer wieder Phasen großer Traurigkeit gehabt sowie Angstzustände gezeigt. Ferner sei er nicht unter Menschen gegangen. Die Tochter gibt zu verstehen, der Vater habe gesagt, dass sie Holger dies aber nicht weitererzählen dürfe. Über die psychischen Probleme des Vaters dürfe außerhalb der Familie nicht gesprochen werden. Holger kann jedoch erreichen, dass der Vater bereit ist, einen Arzt aufzusuchen.

Nach langer Suche findet Holger einen Psychiater, der Geflüchtete aus Afghanistan behandelt und sich mit dem Vater verständigen kann. Bei dem Gespräch mit dem Arzt ist Holger anwesend. Der Arzt attestiert dem Vater eine schwere Depression und verschreibt ihm Antidepressiva. Er gibt Holger die Anweisung, dass er dem Patienten jeden Tag drei Tabletten ausgeben soll, jedoch nie mehr als sechs auf einmal.

Holger fühlt sich überfordert und denkt sich: Wie lange soll das denn noch gehen?

Fragen

1. Was geht Ihnen als Erstes durch den Kopf? Sind Sie schon einmal mit psychischen Auffälligkeiten bei Geflüchteten konfrontiert worden?
2. Womit ist Holger überfordert? Wie ist sein Gedanke, wie lange soll das denn noch gehen, zu verstehen?
3. Was vermuten Sie, weshalb sich Holger ehrenamtlich engagiert? Wie hat sich die Beziehung zwischen Holger und der afghanischen Familie entwickelt? Welche Rolle nehmen die Kinder in dem Fall ein?
4. Weshalb gibt der Arzt an Holger die Instruktion, dass er die Tablettenausgabe überwacht?
5. Was empfehlen Sie Holger, was er tun kann oder sollte?
6. Wie können Nähe und Distanz, Ein- und Loslassen in der Beziehung zu Geflüchteten gestaltet werden?
7. Wissen Sie etwas darüber, wie Menschen in Afghanistan mit psychischen Problemen umgehen? Gibt es eine psychiatrische Versorgung vergleichbar mit derjenigen in Deutschland?

Lösungsmuster

Zu 1: Individuelle Lösung. Viele Ehrenamtliche haben schon einmal erlebt, dass sie mit psychischen Auffälligkeiten bei Geflüchteten konfrontiert wurden. Traumatisierungsfolgen und psychische Erkrankungen machen sich sehr häufig in Deutsch- oder Integrationskursen bemerkbar, wenn sich die Betreffenden nicht konzentrieren und keine Lernerfolge erzielt werden können.

Zu 2: Holger ist mit der Verantwortung überfordert, die der Arzt von ihm erwartet. In dem Gedanken, wie lange soll das denn noch gehen, drücken sich seine Zweifel und Überforderung aus, dieser Verantwortung gerecht werden zu können und zu wollen.

Zu 3: Zu Beginn seines Ehrenamtes war Holger gerade in den Ruhestand gegangen, hatte Zeit und wurde von der Kommune gefragt, ob er die Patenschaft für die Familie übernehmen könnte. Von sich aus hatte er dieses Engagement nicht gesucht. Doch gefragt zu werden, könnte für ihn ein gutes Gefühl gewesen zu sein, auch vor dem Hintergrund, die bisherige berufliche Verantwortung durch ein neues Engagement zu ersetzen.

Die Beziehung zwischen Holger und der afghanischen Familie hat sich in eine Richtung entwickelt, die Holger nie vorhergesehen hätte: Der Vater ist in einer sehr geschwächten Situation, die Mutter unscheinbar und die Kinder nehmen als (Sprach-)Mittler Rollen ein, die eher Erwachsenen zugeschrieben werden. Holger ist eine Art Zusatz- oder Ersatzvater, Helfer, Problemlöser, heimlicher Mitwisser und auf jeden Fall ein wichtiger Teil des Systems geworden. Ohne ihn würde das familiäre System nicht mehr funktionieren und auseinanderbrechen.

Zu 4: Der Arzt delegiert die Verantwortung für die richtige Tabelleneinnahme an den ehrenamtlichen Helfer. Werden die Medikamente absichtlich oder unbeabsichtigt falsch eingenommen, sind dramatische gesundheitliche Schäden zu befürchten. Eine Überdosis kann tödlich sein.

Zu 5: Für Holger ist es sehr wichtig, dass er die Beziehung zu der afghanischen Familie und seine Rolle in dem System reflektiert. Dabei könnte ihm ein Koordinator für Ehrenamtliche hilfreich sein. Ziel sollte sein, dass für die Tablettenabgabe eine andere Lösung gefunden wird. Darüber hinaus sollte die Rolle des Familienvaters gestärkt und die Kinder sollten von den sie überfordernden Erwachsenenrollen entlastet werden. Inwieweit sich Holger hier einbringt oder dies Aufgabe hauptberuflicher Akteurinnen und Akteure ist, kann im Netzwerk diskutiert werden.

Zu 6: Individuelle Lösung. Ehrenamtliche, egal ob sie in Erstaufnahmeeinrichtungen oder längerfristigen Patenschaften für Geflüchtete tätig sind, arbeiten dicht an und mit Menschen. Vor diesem Hintergrund übernehmen sie ansatzweise vergleichbare Aufgaben wie in der professionellen psychologischen und sozialen Arbeit. Einige Träger sind dazu übergegangen, keine Ehrenamtlichen mehr in der Geflüchtetenarbeit zu akzeptieren und sie durch Hauptberufliche zu ersetzen (s. Kapitel 2).

Allerdings wird es mittel- und langfristig nicht so viele hauptberufliche Akteurinnen und Akteure geben, dass damit der gesamte Bedarf an Integrationsleistungen gedeckt werden könnte. Wird ehrenamtliche Arbeit verantwortungsvoll umgesetzt, kann diese einen wertvollen Betrag leisten. Hierzu sollten für die Ehrenamtlichen Plattformen für die Reflexion ihrer Erfahrungen geschaffen werden, beispielsweise in Form niederschwelliger Austauschformate und über Ansprechpersonen bei Fragen und Problemen.

Zu 7: Wie bereits in den Fällen 7 und 8 erwähnt, sind psychische Erkrankungen und Behinderungen in vielen Ländern tabuisiert bzw. werden als familiäre Angelegenheit betrachtet. Darüber hinaus existieren in vielen Ländern, aus denen Geflüchtete kommen, keine Strukturen für eine flächendeckende psychiatrische Versorgung. Diese Faktoren sind auch in Afghanistan gegeben. Dort wird über psychische Probleme geschwiegen, man schämt sich ihrer und geht damit in der Regel nicht in die Öffentlichkeit. Psychische Störungen werden nicht als Krankheit verstanden, die man unter Umständen therapieren oder heilen kann. Menschen mit psychischen Auffälligkeiten sind oftmals ihr Leben lang stigmatisiert. Psychiatrische Kliniken und entsprechende Fachärzte gibt es in Afghanistan nur in den großen Städten. Die Schwelle, sich dorthin zu wenden, ist jedoch groß: Neben der Gefahr der Stigmatisierung spielt darüber hinaus eine Rolle, dass die Patientinnen und Patienten bzw. ihre Familien selbst für die Kosten aufkommen müssen. Viele Familien können oder wollen sich Behandlungen bei psychischen Erkrankungen nicht leisten. Im Übrigen wendet man sich bei Erkrankungen allgemeiner Art nicht zunächst an einen Arzt, sondern einen Apotheker. Er ist die erste Adresse bei gesundheitlichen Schwierigkeiten, stellt Diagnosen und verkauft dazu passende Medikamente (ein Rezept vom Arzt ist nicht erforderlich). Er legt beispielsweise auch Infusionen. Erst bei schlimmer werdenden Krankheiten wird ein Arzt oder eine Klinik aufgesucht.

Fall 23a: „Man kann das auch anders machen" – Kritik an einer Hauptamtlichen

Melissa, 22 Jahre und Studentin, engagiert sich ehrenamtlich in einer Asylunterkunft. Sie gehört dem Verein „Asyl-aktiv"* an und gibt Deutschunterricht.

Heute sucht Melissa das Gespräch mit der hauptberuflichen Sozialarbeiterin Petra. Es ereignet sich folgender Dialog:

Melissa: „Du, ich habe beobachtet, dass du die Bewohner jeden Tag außer am Wochenende morgens um 8 Uhr weckst. Du klopfst ziemlich laut und so lange an die Zimmertüren der Geflüchteten, bis sich jemand meldet und zusichert aufzustehen. Das finde ich ziemlich hart. Was bezweckst du damit?"

Petra: „Die sollen lernen, wie das Leben hier in Deutschland läuft. Und viele von denen haben schließlich wichtige Termine beim Sozialamt oder anderen Behörden."

Melissa: „Man kann das auch anders machen."

Petra (empört): „Misch dich nicht in meine Angelegenheiten ein!"

Melissa ist verunsichert und ratlos.

Variante zu dem Fall:

Die Verhaltensweisen von Melissa und Petra sind genau umgekehrt: Melissa weckt um 8 Uhr die Bewohner und Petra sieht das kritisch, ist darüber empört. Welchen Unterschied würde dies machen?

Fragen

1. Was geht Ihnen als Erstes durch den Kopf?
   Hatten Sie als Ehrenamtliche(r) schon einmal einen Konflikt mit einer hauptamtlichen Person?
2. Weshalb ist Melissa verunsichert und ratlos? Wie ist ihr Satz „Man kann das auch anders machen" zu verstehen?
3. Wie bewerten Sie Petras Verhalten, die Geflüchteten morgens auf diese Weise zu wecken?

* Fiktiver Name, Ähnlichkeiten mit bestehenden Organisationen sind zufällig.

4. Worüber ist Petra empört? Was meint ihr Satz „Misch dich nicht in meine Angelegenheiten ein!“? Wie sieht Petra ihre Rolle gegenüber der Ehrenamtlichen?
5. Was empfehlen Sie Melissa, was sie tun kann oder sollte?
6. Wie können Haupt- und Ehrenamtliche in der Flüchtlingshilfe konstruktiv zusammenarbeiten?

Lösungsmuster

Zu 1: Individuelle Lösung. Je nachdem, ob und ggf. wie Ehrenamtliche in die Strukturen Hauptamtlicher eingebunden sind, werden sie bereits mit Hauptamtlichen Meinungsverschiedenheiten, Interessenkonflikte und ähnliche Spannungsfelder erlebt haben.

Zu 2: Melissa ist verunsichert und ratlos darüber, dass die hauptamtliche Helferin die Kritik an ihrem Verhalten scharf zurückgewiesen hat. Mit dem Satz „Man kann das auch anders machen“ gibt sie zu verstehen, dass sie mit Petras Handeln nicht einverstanden ist. Dieses kann gegen Melissas Vorstellungen von einem höflichen und respektvollen Umgang mit den Geflüchteten verstoßen. Offenbar hat sie aber auch das Selbstverständnis, dass eine Ehrenamtliche auf Augenhöhe mit einer Hauptamtlichen reden kann. Dies entspricht jedoch nicht Petras Auffassung.

Zu 3: Individuelle Lösung. Mit der Art und Weise, wie Petra morgens die Geflüchteten weckt, demonstriert sie einen Überlegenheitsanspruch. Die Geflüchteten können nicht selbst entscheiden und Petra spricht ihnen Verantwortung bei der Organisation ihres Tagesablaufs ab.

Zu 4: Petra ist empört darüber, dass sich Melissa aus ihrer Sicht in ihre Angelegenheiten einmischt. Sie trennt ihre Aufgaben klar von denen der Ehrenamtlichen und möchte sich in ihrem Handeln nicht von einer Ehrenamtlichen kritisieren lassen.

Außerdem verkörpert Petra gegenüber der Ehrenamtlichen – ähnlich wie gegenüber den Geflüchteten – einen gewissen Überlegenheitsanspruch. Möglicherweise ist Petra im Allgemeinen eine dominante Person mit einem hohen Kontrollbedürfnis. Eine weitere

Erklärung für ihr Verhalten könnte sein, dass die Behörden sie kritisiert und unter Druck gesetzt haben, dass die Geflüchteten ihre Termine zuverlässig wahrnehmen.

Zu 5: Melissa kann über Ich-Botschaften in den Konflikt gehen und ihr Unwohlsein zu verstehen geben. Eventuell sollte sie sich mit ihrer Organisation, in die sie eingebunden ist, beraten und jemanden zu dem Gespräch dazu nehmen. Sie sollte Petra die Wirkung und Folgen ihres Handelns aufzeigen, ohne dass Petra das Gesicht verlieren muss.

Zu 6: Individuelle Lösung. Impulse zur Gestaltung einer konstruktiven Zusammenarbeit finden sich im Kapitel 2.

Fall 23b: „Man kann das auch anders sehen" – Empowerment oder Machteingriff

Waltraud, 68 Jahre und ehemalige Verwaltungsangestellte, betreut in ihrem Ehrenamt eine syrische Familie mit drei Kindern (1, 3 und 6 Jahre) in einem Übergangsheim. Insbesondere zu Frau Sayf hat sie einen guten Kontakt aufgebaut. Sie erfährt, dass die Frau von ihrem Mann regelmäßig geschlagen wird. Anlass seien diverse Streitigkeiten, zum Beispiel über das Essen, Geld oder die Zukunft in Deutschland. Erst gestern sei der Mann erneut gewalttätig gewesen. Aus der Auseinandersetzung hat sie für Waltraud sichtbare Folgen getragen: Die Blutergüsse in ihrem Gesicht sind nicht zu übersehen.

Die Ehrenamtliche wendet sich an die für die Unterkunft zuständige Sozialarbeiterin Alice. Es ereignet sich folgender Dialog.

Waltraud: „Du, Frau Sayf wird von ihrem Mann verprügelt. Wir müssen da was tun."

Alice: „Ja, ich habe das auch schon bemerkt. Ich habe deshalb mit Frau Sayf bereits ein Gespräch geführt."

Waltraud: „Und???"

Alice: „Mein Ziel ist es, dass sie die Einsicht gewinnt, sich Hilfe zu holen, zum Beispiel in einem Frauenhaus. Das nennen wir Empowerment."

Waltraud: „Das können wir nicht länger dulden. Von sich aus wird sich Frau Sayf niemals von ihrem Mann trennen. Ich schlage vor, die Polizei einzuschalten."

Alice: „Nein, sie muss selbst diesen Schritt gehen."

Waltraud: „Man kann das auch anders sehen."

Waltraud ist empört.

Fragen

1. Was geht Ihnen als Erstes durch den Kopf?
   Hatten Sie als Ehrenamtliche(r) schon einmal einen Konflikt mit einer hauptamtlichen Person (bzw. umgekehrt)?
2. Weshalb ist Waltraud empört?
   Welche ihrer Werte sind in der Situation berührt?
   Wie ist ihr Satz „Man kann das auch anders sehen" zu verstehen?
3. Wie bewerten Sie Alices Strategie, die Geflüchtete zu „empowern" mit dem Ziel, dass sie von sich aus Hilfe holt?
   Wie bewerten Sie Waltrauds Strategie, die Polizei einzuschalten?
4. Was empfehlen Sie Waltraud und Alice, wie sie sich verständigen bzw. in dem Fall weiter vorgehen sollten?
5. Wie können Haupt- und Ehrenamtliche in der Flüchtlingshilfe auch in schwierigen Situationen konstruktiv zusammenarbeiten?

Lösungsmuster

Zu 1: Individuelle Lösung. Je nachdem, ob und ggf. wie Ehrenamtliche in die Strukturen Hauptamtlicher eingebunden sind, werden sie bereits mit Hauptamtlichen Meinungsverschiedenheiten, Interessenkonflikte und ähnliche Spannungsfelder erlebt haben.

Zu 2: Waltraud ist darüber empört, dass Alice komplett auf die Selbstverantwortung von Frau Sayf setzt. Nach ihrem Wertesystem steht der Gewaltschutz vor der Selbstverantwortung der Geflüchteten. Mit ihrer Aussage „Man kann das auch anders sehen" gibt Waltraud gegenüber Alice zu verstehen, dass sie mit ihr in dem Punkt nicht übereinstimmt, dass Frau Sayf den Schritt aus der Gewalt selbst gehen muss.

Zu 3: Individuelle Lösung. In dem Fall stehen sich zwei Strategien zum Umgang mit Gewalt diametral gegenüber. Je nach Perspektive und Selbstverständnis wird eine Person mehr zu der einen oder anderen Seite tendieren. Alice agiert aus ihrem Selbstverständnis als professionelle Sozialarbeiterin, Waltraud nimmt ihre eigenen, persönlichen Werte zum Maßstab. Eigen- oder Fremdverantwortung, Empowerment oder Machteingriff – das ist hier die Frage. In der sozialen Arbeit sind Empowermentstrategien üblich und verbreitet. Es ist jedoch umstritten, wann dieser Ansatz eine Grenze erfahren und von außen in das System eingegriffen werden soll. Klar ist, dass ein Polizeieinsatz darauf hinausläuft, die Ehepartner (vorübergehend) räumlich zu trennen.

Denkbar sind auch Ansatzpunkte zwischen den beiden Extremen Selbstverantwortung und polizeilicher Machteingriff. So könnte eine Kulturmittlerin aus dem gleichen oder einem ähnlichen Kulturkreis mit Frau Sayf sprechen und sie davon überzeugen, der Gewalt ein Ende zu setzen.

Ob der Weg in ein Frauenhaus dabei der Beste ist, mag dahingestellt sein. Mitunter kann auch darüber nachgedacht werden, den Mann in eine andere Unterkunft zu verlegen, die in weiter Distanz zu seiner bisherigen liegt. In einem so praktizierten Fall verstand allerdings der Ehemann nicht, weshalb er verlegt worden war, und stellte einen Versetzungsantrag zurück. Dies deutet darauf hin, dass auch mit dem Mann gesprochen werden und er darüber aufgeklärt werden muss, dass Gewalt in der Ehe in Deutschland nicht erlaubt ist. Sinnvoll wäre es, ihm einen Gesprächspartner zur Seite zu stellen, der ihn berät, wie Ehekonflikte und aus der Migration heraus entstehende Überforderungen anderweitig angegangen werden können.

Zu 4: Waltraud und Alice sollten sich über ihre Perspektiven, Wertvorstellungen sowie die Chancen und Risiken ihrer jeweiligen Strategien austauschen. Über das gemeinsame Ziel und Interesse, die Gewalt in der syrischen Familie zu beenden, dürfte Konsens bestehen. Es geht also um die Umsetzung. Möglicherweise finden die beiden einen Mittelweg, der ebenfalls aus der Gewalt herausführt und für alle Seiten, vor allem auch die betreffende Familie, annehmbar ist (s. Antworten zu Punkt 3).

Als hauptberufliche Akteurin ist Alice in einer (vermeintlich?) stärkeren Position. Wenn Waltraud die Polizei rufen will, kann ihr das nicht verwehrt werden. Wenn die beiden allerdings nicht abgestimmt handeln, werden das Vertrauen und damit die Beziehung zwischen ihnen dauerhaft beeinträchtigt sein – was einer künftigen Zusammenarbeit sehr abträglich wäre.

Zu 5: Individuelle Lösung. Hilfreich kann in vielen Fällen eine Koordinationsstelle für Ehrenamtliche sein, die bei Konflikten und unterschiedlichen Interessen vermittelt. Konfliktanlass können die zwischen Haupt- und Ehrenamtlichen fließend ineinander übergehenden Aufgaben sein. Das Tätigkeitsprofil und die Rollen hauptberuflicher Akteurinnen und Akteuren sind gerade erst dabei, sich zu finden und zu professionalisieren. In den Momenten starker Zuwanderung, in denen es noch keine hauptberuflichen Strukturen gab, haben Ehrenamtliche oft Aufgaben und Rollen übernommen, die eigentlich eher Professionellen überlassen werden sollten. Diese nunmehr wieder abzugeben bzw. die Grenzen zwischen Haupt- und Ehrenamtlichen neu zu ziehen, ist eine Suchbewegung und geschieht häufig in einem lokalen Aushandlungsprozess.

Fall 24: „Nur damit sie ihre Fotos bekommen" – Besuch der Politik in einer Kleiderausgabe

Heike, 30 Jahre und wissenschaftliche Mitarbeiterin an einer Universität, engagiert sich ehrenamtlich in der Flüchtlingshilfe ihrer Kirchengemeinde. Zweimal in der Woche ist sie in der Ausgabestelle für Kleidung tätig.

Heute besucht eine Delegation des Gemeinderates die Ausgabestelle. Als Heike eintrifft, sieht sie bereits zehn Geflüchtete vor der Tür der Kleiderausgabe warten. Gleichzeitig halten sich dort fünf Mitglieder des Gemeinderates sowie fünf örtliche Pressevertreter auf, die untereinander, aber nicht mit den Geflüchteten sprechen.

Als Heike die Tür öffnet, betreten als Erstes die Politikerinnen und Politiker sowie die Presse den Raum. Eine Vertreterin des Gemeinderates, die 55-jährige Frau Baus (Hausfrau), wendet sich an Heike und beginnt, ihr von Vorzügen der eigenen politischen Partei und den Fehlern anderer politischer Gruppierungen zu berichten. Dabei werden Fotos geschossen. Nach einigen Minuten stellt Heike heraus, dass sie jetzt die Kleiderausgabe beginnen möchte. Sie bittet eine geflüchtete Mutter herein, die für ihre 14-jährige Tochter Winterschuhe sucht. Die großen Größen sind auf einem Regal ganz oben abgelegt. Heike muss sich auf eine Leiter begeben und hat Mühe, die große Kiste von ganz oben nach unten zu bringen. Etwas waghalsig gelingt es ihr schließlich. Zusammen mit der Mutter suchen sie darin nach Winterschuhen, doch sind in der Größe der Tochter keine vorhanden. Heike weiß: Schuhe und Kleidung für Kinder ab zehn Jahren sind Mangelware.

Frau Baus greift sich Schuhe in einer kleinen Größe, stellt sich vor die Mutter in eine Pose, in der sie die Schuhe übergibt, und weist einen Pressevertreter an, Fotos zu machen. Anschließend erzählt Frau Baus der Ehrenamtlichen noch zehn Minuten über ihre diesjährige Apfelernte. Nach etwa 30 Minuten verlässt die Delegation den Ort.

Heike ist wütend und denkt sich: „Unmöglich! Erzählen nur über sich und ihre Interessen, rühren keinen Finger und halten mich von der Arbeit ab. Nur damit sie ihre Fotos bekommen." Erst vor einer Woche ist ihr etwas Ähnliches passiert, als das örtliche Unternehmen zu Besuch war. Am nächsten Tag ist in der Zeitung zu lesen, dass Mitglieder des Gemeinderates die Flüchtlingshilfe engagiert unterstützen.

Fragen

1. Was geht Ihnen als Erstes durch den Kopf?
   Haben Sie eine solche oder ähnliche Situation schon einmal erlebt?
2. Weshalb ist Heike wütend? Welche ihrer Werte sind berührt?
3. Welches Verhalten hätte Heike von den Vertreterinnen und Vertretern aus der Politik erwartet?
4. Weshalb besuchen Frau Baus und andere politische Vertreterinnen und Vertreter die Kleiderausgabe?
   Wie bewerten Sie deren Verhalten?
5. Was empfehlen Sie Heike, was sie in der Situation hätte tun können?
6. Wie gehen Sie in Ihrer Arbeit mit Besuchen bzw. Anfragen von Politik, Presse und ggf. Wirtschaftsunternehmen um?
   Welche Rolle spielen hier die Geflüchteten?
7. Wie sollten sich Ihrer Meinung nach Politik und Presse gegenüber Geflüchteten verhalten?

Lösungsmuster

Zu 1: Individuelle Lösung.

Zu 2: Heike ist wütend, dass Politik und Presse sie von ihrer Arbeit und der offenbar dringend nötigen Hilfe abhalten. Ihr Effizienzverständnis und ihr Bedürfnis nach Hilfeleistung sind tangiert. Darüber hinaus kann sie darüber verärgert sein, dass die Vertreter der Politik Unterstützung vortäuschen, diese jedoch nicht geben. Hier können die Werte Ehrlichkeit und Transparenz berührt sein. Nicht zuletzt ist es als taktlos anzusehen, dass sich die Politiker zusammen mit Geflüchteten auf Fotos ablichten lassen und dabei vorgeben zu helfen. Auch dies entspricht nicht der Realität und ist alles andere als ehrlich.

Möglicherweise bestätigt dieses Auftreten der Politik und Presse Heikes Erfahrungswert oder Vorurteil einer „untätigen Politik", die leere Versprechungen macht und die Flüchtlingshilfe für ihre Zwecke instrumentalisiert (s. auch Punkt 7).

Zu 3: Von den Vertreterinnen und Vertretern der Politik hätte Heike erwartet, dass sie sich in den Ablauf der geplanten Hilfeleistung diplomatisch bzw. sensibel einfügen. Idealerweise hätten sie ihre eigenen Interessen hinter denen der Geflüchteten zurückgestellt. Dies hätte bedeutet, dass zunächst einmal die Geflüchteten mit Kleidung versorgt worden wären. Die Politiker hätten mit den Geflüchteten vorsichtig das Gespräch suchen, (ehrliches) Interesse signalisieren und so mehr über ihre Situation erfahren können. Vielleicht wären sie dabei auch auf das Problem aufmerksam geworden, dass es nicht leicht ist, Kleidung bzw. Schuhe für ältere Kinder zu beschaffen. Die Politik könnte ihren Einfluss nutzen, notwendige Wohltätigkeit walten zu lassen, indem sie selbst spendet, Schuhe stiftet oder zur Sammlung aufruft.

Für Fotos wäre es sicherlich geschickter gewesen, dass Politik und Presse – um das Persönlichkeitsrecht und den möglichen Willen bzw. das Gesicht der Betreffenden zu wahren – auf Nahaufnahmen hilfesuchender Geflüchteter verzichtet oder zumindest um Einverständnis gefragt hätten.

Insgesamt hätten die Vertreterinnen und Vertreter aus Politik und seitens der Presse wesentlich taktvoller und kooperativer auftreten sollen.

Zu 4: Frau Baus und andere politische Vertreterinnen und Vertreter besuchen die Kleiderausgabe, um sich ein positives Image zu geben. Sie möchten in der Öffentlichkeit signalisieren, dass sie Geflüchteten helfen und sich engagieren. Damit hoffen sie auf Unterstützung aus der Bevölkerung und die Gunst der Wahlberechtigten.

Zu 5: Heike hatte in dieser Situation keinen leichten Stand. Sie darf es sich mit der Politik und Presse nicht verscherzen, da sie bzw. ihre Organisation / Kirche mitunter auch auf politische und öffentliche Unterstützung angewiesen ist. Vermutlich hätte der Besuch der Politik besser geplant werden sollen. Bereits im Vorfeld hätten die Vertreterinnen und Vertreter auf gewisse Spielregeln aufmerksam gemacht werden können. In der Situation selbst Widerstand zu zeigen, ist fast unmöglich und könnte zu einem Eklat führen, welcher Heike und ihrer Kirchengemeinde negativ auf die Füße fallen könnte. Allenfalls hätte sie indirekt, also nonverbal darauf hinwirken können, dass die Geflüchteten nicht auf das Bild kommen, zum Beispiel indem diese beiseite genommen werden. Auf jeden Fall sollte in der Organisation im Nachhinein über das Erlebnis gesprochen und eine Strategie für die Zukunft erarbeitet werden.

Zu 6: Individuelle Lösung.

Zu 7: Individuelle Lösung. Ziel sollte sein, dass Geflüchtete nicht für politische Interessen instrumentalisiert werden. Besuche von Politik und Presse wollen gut vorbereitet werden. Es dürfte auch der Sache nicht schaden, auf den einen oder anderen Besuch zu verzichten. Vielen Menschen und so auch Geflüchteten ist es nicht angenehm, wenn sie dabei beobachtet werden, eine Hilfeleistung in Anspruch zu nehmen.

Fall 25: „Das erwarten wir von dir! Hier müssen alle mit anpacken!" – Gefahr von Überlastung

Pascal, 28 Jahre und von Beruf Krankenpfleger, engagiert sich ehrenamtlich in der Spielgruppe für geflüchtete Kinder seiner Kirchengemeinde. Mit seiner aufgeschlossenen Art kommt er bei Kindern, Eltern und anderen Helfenden gut an. Während die Kinder in der Betreuung sind, kümmern sich ehrenamtliche Paten mit den Eltern um Alltagsfragen wie Behördengänge usw.

Als Pascal sein Ehrenamt begann, verpflichtete er sich, einen Nachmittag in der Woche zu helfen. Da er im Schichtdienst arbeitet, kommt es ihm entgegen, dass dieser Tag von Woche zu Woche variieren kann. Als Pascal gebeten wird, noch einen zweiten Nachmittag in der Woche zu helfen, zögert er zunächst. Doch die Flüchtlingskoordinatorin Petra redet ihm ins Gewissen und so stimmt Pascal zu. An manchen Tagen ist es jetzt so, dass Pascal morgens aus dem Nachtdienst kommt und nicht genug Zeit hat auszuschlafen. Denn nicht immer lässt es sich einrichten, dass die beiden Nachmittage an seinen freien Tagen liegen. Diese braucht er mitunter auch, um seine älter werdenden Eltern zu besuchen.

Heute kommt Petra, 45 Jahre, Hausfrau, zwei fast erwachsene Kinder, auf ihn zu. Es ereignet sich folgender Dialog:

Pascal: „Du, die Sandra ist ausgefallen. Es wäre toll, wenn du morgen auch noch einmal kämest. Das klappt doch, oder?"

Pascal: „Nein, das geht nicht, ich habe diese Woche Nachtdienst."

Petra: „Aber dann hast du doch nachmittags frei, also komm!"

Pascal (unsicher): „Das schaffe ich nicht, ich bin müde und jetzt schon das zweite Mal in dieser Woche da."

Petra: „Das erwarten wir von dir! Hier müssen alle mit anpacken!"

Pascal fühlt sich unverstanden und merkt, wie seine Energien von Tag zu Tag schwinden.

Fragen

1. Was geht Ihnen als Erstes durch den Kopf?
   Haben Sie eine solche oder ähnliche Situation schon einmal erlebt?
2. Weshalb fühlt sich Pascal unverstanden?
3. Was motiviert Petra, auf Pascal in der geschilderten Weise einzureden? Was erwartet sie von Pascal? Wie unterscheidet sich ihre Lebenssituation von derjenigen Pascals?
4. Was empfehlen Sie Pascal, was er in der Situation tun kann?
5. Mit welchen Belastungen geht die (ehrenamtliche) Flüchtlingshilfe Ihren Erfahrungen nach einher?
6. Wie kann sich ein Einzelner vor Überlastung schützen?
   Was können und sollten Organisationen dazu beitragen?

Lösungsmuster

Zu 1: Individuelle Lösung. Welche und wie viel Hilfe von Ehrenamtlichen seitens einer Organisation, Hauptamtlicher oder anderer Ehrenamtlicher erwartet werden, ist immer wieder Gegenstand von Diskussionen.

Zu 2: Pascal fühlt sich unverstanden, da Petra seine Lebenssituation und die daraus resultierenden Argumente für die Grenzen seines Engagements nicht akzeptiert. Wenn er Nachtdienste hat und mehrmals in der Woche die Spielgruppe leitet, fehlt ihm Zeit zur Regeneration. Fehlende Erholung kann Pascal mittel- oder langfristig in eine Überlastungssituation führen (z. B. „Burnout“). Er gefährdet damit auch die Ausübung seiner verantwortungsvollen Hauptaufgabe, die den Lebensunterhalt sichert: seinen Job als Krankenpfleger.

Zu 3: Petra fällt es offenbar schwer, die Lebenssituation von Pascal nachzuvollziehen. Sie setzt Pascal psychisch unter Druck nach dem Motto: „Die Gruppe baut auf dich.“ Als Hausfrau mit fast erwachsenen Kindern hat sie keine beruflichen Verpflichtungen. Wahrscheinlich hat sie nie in ihrem Leben Nachtdienst gemacht, womit ihr die Vorstellung fehlt, wie ein Leben im Schichtdienst aussieht, und dass es in diesem Modus ohnehin schon nicht leicht ist, soziale Kontakte und regelmäßige Freizeitaktivitäten zu pflegen und das alles noch mit der Sorgearbeit für die Eltern zu vereinbaren.

Zu 4: Es ist empfehlenswert, dass Pascal mit Ich-Botschaften Petra seinen Unmut zu verstehen gibt. Hilfreich ist ferner, dass er ihr transparent aufzeigt, was er in den Nachtdiensten leistet und wie es ihm im Schichtdienst geht. Falls Petra dafür kein Verständnis aufbringt, sollte Pascal klare Grenzen setzen und eine Ansage machen, was er leisten und was er nicht leisten kann. Wenn auch das keinen Erfolg hat, sollte er überlegen, ob er sein Engagement in eine andere Organisation verlagern kann.

Zu 5: Individuelle Lösung. Flüchtlingshilfe stellt an Haupt- und Ehrenamtliche verschiedene Anforderungen. Der Umgang mit Belastungen gehört mit dazu. Es handelt sich in den meisten Fällen um einen Dienst an und mit Menschen, der emotional und sozial anspruchsvoll ist. Helferinnen und Helfer werden mit den Folgen von Flucht, Vertreibung und Krieg konfrontiert: beispielsweise mit traumatisierten, frustrierten, resignierten, erschöpften und (oder) im Kulturschock befindlichen Menschen, überlasteten Familien, Eltern und Kindern. Darüber hinaus kommt es zu Ablehnungen gegen Geflüchtete aus der Gesellschaft, welche auch die Helferinnen und Helfer treffen können (vgl. Fall 26). Weiterhin können kulturelle Unterschiede befremden und überfordern. Doch auch die Strukturen können ihnen zu schaffen machen, zum Beispiel (unerfüllbare) Erwartungen der Organisation, wie in diesem Critical Incident geschildert. Nicht zuletzt können innere Spannungen belastend erlebt werden, wenn beispielsweise eine Person für sich nicht geklärt hat, warum sie hilft oder das Engagement die eigenen Kräfte übersteigt (s. auch Fall 22).

Zu 6: Die einzelne in der Flüchtlingshilfe engagierte Person sollte ihr Belastungserleben ständig beobachten. Falls dieses eine individuell kritische Grenze übersteigt, sollte gegengesteuert werden. Der Erfahrungsaustausch mit Koordinatorinnen und Koordinatoren in einer Organisation oder auf anderen Plattformen kann hierzu hilfreich sein. Organisationen sollten eben solche Angebote schaffen, um eine Reflexion von Hilfeleistungen und Helferbeziehungen zu ermöglichen.

Empfehlenswert sind auch Schulungen bzw. Workshops für die Akteurinnen und Akteure, und zwar zu den für die Flüchtlingshilfe relevanten Themen: zum Beispiel zum Asylverfahren, zu interkultureller Kommunikation, Helferbeziehungen, Genderaspekten in der Flüchtlingshilfe usw.

Fall 26: „Die sind doch alle nicht integrierbar!" – Polemik in der Öffentlichkeit

Dieter ist 52 Jahre und verheiratet. Seine beiden Kinder sind bereits aus dem Haus und studieren. Als selbstständiger IT-Berater ist sein Berufsalltag manchmal stressig, da er bestimmte Fristen einhalten muss. Meistens kann er sich aber seine Zeit selbst einteilen.

Seit ein paar Monaten ist Dieter ehrenamtlich in der Flüchtlingshilfe aktiv. Zusammen mit Zugewanderten hat er einen „Refugee Guide" entwickelt, der Neuankömmlingen eine erste Orientierung geben soll. Die Arbeit hat ihm viel Spaß gemacht und das Gefühl vermittelt, etwas Sinnvolles beigetragen zu haben. Bei Erstellung des Guides hat er Einblicke in das Schicksal der Geflüchteten erhalten, was ihn sehr bewegt hat. Mit vielen steht er bis heute in gutem Kontakt. Außerdem bringt er seine Fähigkeiten und Talente weiterhin ein. So ist er aktuell an der Entwicklung einer Orientierungshilfe speziell für Mütter mit kleinen Kindern beteiligt.

Heute geht Dieter aber einem ganz anderen, von ihm ebenfalls sehr geschätzten Hobby nach: dem Singen. Seit fünf Jahren singt er zusammen mit 20 anderen in einem Chor. Manchmal verbringen sie ganze Wochenenden mit Proben, gerade um sich auf spezielle Aufführungen wie Weihnachtskonzerte vorzubereiten. Bisher hat niemand in dem Chor mitbekommen, dass er ehrenamtlich in der Flüchtlingshilfe tätig ist.

Am Abend nach den Proben sitzen sie bei einem Wein zusammen. In der Runde der Mitsänger entwickelt sich eine laute Diskussion zum Thema Zuwanderung und Flüchtlingspolitik. Dieter hört Stimmen wie „Wohin soll das denn führen? Wir können doch nicht die ganze Welt aufnehmen!", „Die sind doch alle nicht integrierbar!", „Wir haben genug Armut und Arbeitslosigkeit im eigenen Land", „Ich traue mich ja gar nicht mehr, meine Tochter abends allein herumlaufen zu lassen" und „Wenn die jetzt auch noch den Gasthof *Zur Sonne* zum Asylantenheim machen, kann ich mein Haus verschenken".

Dieter ist über die Polemik empört und weiß nicht, wie er sich verhalten soll.

Fragen

1. Was motiviert Dieter, sich in der Flüchtlingshilfe zu engagieren? Wie ist seine Lebenssituation?
2. Worüber ist Dieter empört?
3. Wie sind die Aussagen der Mitsänger über Flüchtlinge und Flüchtlingspolitik zu verstehen? Was sagen sie damit über sich selbst aus?
4. Was empfehlen Sie Dieter, wie er mit seiner Empörung umgehen kann? Wie sollte er sich weiter verhalten?
5. Welche Vorurteile über Geflüchtete sind Ihnen bekannt? Mit welchen Sachargumenten kann diesen begegnet werden?

Lösungsmuster

Zu 1: Dieter ist eine sozial und beruflich gut integrierte Person. Sein Leben ähnelt demjenigen vieler Gleichaltriger in Deutschland: Die Kinder sind (fast) erwachsen und gehen ihren eigenen Weg. Im Beruf ist Dieter etabliert, aber auch engagiert und als Selbstständiger einerseits selbstbestimmt, zeitlich aber andererseits auch fremdgesteuert. In seiner Freizeit singt er im Chor – ein Hobby, das große Zuverlässigkeit und Teamgeist voraussetzt.

Vermutlich ist er noch nicht lange in der Flüchtlingshilfe aktiv. Viele Ehrenamtlichen sind erst im Zuge der starken Zuwanderung 2015 / 2016 zu einem Engagement gekommen. Anknüpfungspunkt bildeten für ihn offenbar seine IT-Kenntnisse, die er hier sinnvoll einsetzen kann.

Zu 2: Dieter ist über die Aussagen der Mitsänger empört, die aus seiner Sicht polemisch sind und von Leuten kommen, die keine persönlichen Kontakte zu Geflüchteten haben dürften. Die Kritik an Geflüchteten und der Flüchtlingspolitik kann Dieter als Angriff auf sein Engagement verstehen. Offenbar ist er verunsichert, wie er sich zu den Äußerungen positionieren soll (s. Antwort zu Punkt 4).

Zu 3: In den Aussagen spiegelt sich wider, dass die Mitsänger bestimmte, festgefahrene negative Bilder über Geflüchtete im Kopf haben. Sie können als vorurteilsbehaftet beschrieben werden, und das, obwohl sie selbst im Unterschied zu Dieter keinen Kontakt zu Geflüchteten haben. Ihre Haltungen und Meinungen sind dem öffentlichen Diskurs, einer gesellschaftlichen Stimmung und (oder) (ausgewählten) Medien entnommen. Die Begriffe „alle“ oder „ganze Welt“ deuten darauf hin, dass sich in den Meinungen starke Pauschalisierungen wiederfinden. Faktenwissen kommt in den Aussagen nicht vor.

Gleichzeitig geben die Mitsänger über sich selbst kund, dass sie über die Zuwanderung sehr beunruhigt sind und sich viele Sorgen machen, insbesondere um ihre eigene Interessen wie das Wohlergehen der Tochter oder den Wert der eigenen Immobilie.

Zu 4: Dieter sollte sich gut überlegen, wie er sich in der Situation weiter verhält. Er befindet sich in einem gewissen Dilemma: Wenn er den Ärger in sich hineinfrisst und nichts sagt, tut das seiner Seele nicht gut. Entscheidet er sich, in den Konflikt zu gehen, könnten ihn die Mitsänger sehr heftig angreifen und seine Position innerhalb des Chores könnte sich verschlechtern. Schlimmstenfalls könnten die Kollegen ihn ausgrenzen (heute oft „Mobbing“ genannt) oder gar ausschließen. In einem ersten Schritt sollte sich Dieter in Kontakt mit seinen eigenen Bedürfnissen bringen und das Spannungsfeld zwischen harmonischen Beziehungen einerseits und Zivilcourage sowie sachlicher Klarstellung andererseits abwägen.

Sollte Dieter in den Konflikt gehen, sollte er sich fachlich gut vorbereiten und Sachargumente über Geflüchtete parat haben, beispielsweise zu den Fluchtmotiven, der Straffälligkeit und Integration in den Arbeitsmarkt. Perfekt wäre es, wenn er über seine persönlichen Erfahrungen berichten und vielleicht sogar anbieten würde, ihn einmal in seiner ehrenamtlichen Arbeit zu begleiten (aber nur, wenn die Geflüchteten selbst damit einverstanden sind!). Ideal wäre darüber hinaus, wenn Dieter im Chor Mitstreiter fände, denn aus der Position eines Einzelnen heraus hat Dieter keinen leichten Stand.

Zu 5: Die Liste möglicher Vorurteile gegenüber Geflüchteten ist lang. Dabei sind die Fluchtmotive von Geflüchteten, ihre Erwartungen an Deutschland, die Vorstellungen über ein gutes Leben und Strategien zum Umgang mit den Bedingungen für sie in Deutschland sehr unterschiedlich. Am Ende der Fallanalyse kann folgende Übung stehen:

Überprüfen Sie den Realitätsgehalt der nachfolgenden Aussagen und überlegen Sie, wie Sie hier antworten würden.

1. „Wohin soll das denn führen?
   Wir können doch nicht die ganze Welt aufnehmen!"
2. „Die meisten sind nur Wirtschaftsflüchtlinge."
3. „Hier ist kein Platz mehr für Flüchtlinge."
4. „Die sind doch alle nicht integrierbar!"
5. „Die vielen jungen Männer sind ein Problem."
6. „Die haben Smartphones usw., die haben doch Geld genug."
7. „Die bekommen mehr als Hartz IV."
8. „Zuwanderer gefährden unseren Sozialstaat."
9. „Die nehmen uns die Arbeitsplätze weg."
10. „Wir sollten uns lieber um die Armen im eigenen Land kümmern."
11. „Asylbewerber sind gefährlich und kriminell."
12. „Abgelehnte Asylbewerber sofort abschieben!"
13. „Nein zum Heim! Sonst verliert unser Haus an Wert."
14. „Die deutsche Kultur geht zugrunde."

Impulse zu möglichen Antworten finden sich beispielsweise bei ProAsyl (2015). Fakten gegen Vorurteile:

www.proasyl.de/thema/rassismus/fakten-gegen-vorurteile

Fall 27: Abschied nehmen

Sonja Faust, 50 Jahre, 2 Töchter (13 und 15 Jahre), verheiratet und von Beruf Heilpraktikerin, engagiert sich ehrenamtlich in der Flüchtlingshilfe. In der Erstaufnahmeeinrichtung einer mittelgroßen Stadt betreut sie das Ehepaar Al-Sayed (Mitte 20), das dort seit vier Monaten lebt. Als die Familie nach Deutschland kam, war Frau Al-Sayed hochschwanger mit ihrem ersten Kind. Sonja Faust hat Frau Al-Sayed während der Geburtsvorbereitung intensiv begleitet und sich auch dafür eingesetzt, dass Frau Al-Sayed während des dramatischen Geburtsprozesses den Umständen entsprechend gut durch Spezialisten versorgt wurde. Das hat die beiden Frauen zusammengeschweißt.

Die Al-Sayeds haben in Syrien studiert und ein Auslandssemester in Schottland verbracht. Herr Al-Sayed arbeitete als Informatiker und Frau Al-Sayed als Lehrerin für Englisch in Homs. Beide sprechen gut Englisch, was den Austausch mit den Fausts mühelos ermöglicht.

Die Fausts haben die Al-Sayeds mehrfach zu sich nach Hause eingeladen, wo sie gemeinsam gekocht und gegessen haben. Manchmal wurde auch arabisch gekocht, was allen Beteiligten viel Spaß und Freude bereitet hat. Darüber hinaus haben die Fausts den Al-Sayeds die Stadt gezeigt. Und die Al-Sayeds haben viel über ihr Leben in Syrien während des Krieges und davor erzählt.

Die Töchter der Familie Faust haben sich um das goldige Baby gekümmert und auch bei der medizinischen Versorgung des Säuglings hat sich Sonja Faust immer wieder dafür eingesetzt, dass Probleme schnell und kompetent behoben wurden. Aus Sicht von Sonja Faust hat sich eine Freundschaft entwickelt – ein festes Band, das aus der Not heraus um sie gelegt worden ist.

Heute kommen die Al-Sayeds bei den Fausts vorbei. Sie zeigen ihnen ein Schreiben, nach dem die junge Familie in drei Tagen in einen Landkreis in den äußersten Südosten des Bundeslandes verlegt wird, fast 200 Kilometer von der Erstaufnahmeeinrichtung entfernt und ohne Auto nicht erreichbar.

Sonja Faust ist bestürzt. Die Al-Sayeds wirken verängstigt.

Fragen

1. Worüber genau ist Sonja Faust bestürzt?
   Welche ihrer Werte und Standards sind verletzt?
2. Weshalb wirken die Al-Sayeds verängstigt?
   Wie wird sich die Lebenssituation der Al-Sayeds verändern, wenn sie in eine andere Gemeinde ziehen?
3. In welcher Beziehung stehen die Fausts und die Al-Sayeds?
   Wie wird sich der Umzug auf die Beziehung auswirken?
4. Was empfehlen Sie Sonja Faust, wie sie mit der Situation umgehen kann? (emotional / lebenspraktisch)
5. Was empfehlen Sie den Al-Sayeds, wie sie mit der Situation umgehen können? (emotional / lebenspraktisch)

Lösungsmuster

Zu 1: Sonja Faust ist darüber bestürzt, dass die Verlegung der Familie in einen Landkreis 200 Kilometer fernab der Erstaufnahmeeinrichtung den aufgebauten freundschaftlichen Kontakt bedroht. Die Beziehung zwischen den beiden Familien und insbesondere zwischen den beiden Frauen lebt durch die Bewältigung von Problemen und einen intensiven, persönlichen Kontakt in verschiedenen Lebensbereichen, insbesondere im Umgang mit Gesundheits- bzw. Geburtsfragen, beim Ermöglichen eines für beide Seiten interessanten, erzählenden Austausches sowie durch gemeinsames Kochen und Essen. Der bevorstehende Umzug tangiert Sonjas Werte von Freundschaft, Vertrauen und Nähe.

Zu 2: Die Al-Sayeds sind verängstigt, da sie erahnen, dass sie den bisherigen persönlichen Kontakt zu den Fausts nicht fortsetzen können. Damit entfällt auch wichtige Hilfe im Alltag. Wenn die Al-Sayeds umziehen, kommen sie von dem ihnen vertrauten städtischen in ein ihnen nicht vertrautes ländliches Gebiet. Der Wegfall des intensiven, persönlichen Kontakts zu den Fausts bedeutet für sie einen großen Verlust. Wie sie künftig Probleme im Lebensalltag angehen, ist ungewiss.

Zu 3: Die Fausts und Al-Sayeds haben eine freundschaftliche Beziehung aufgebaut. Durch die Unterstützung in existenziellen Situationen wie der Schwangerschaft, Geburt und nachgeburtlichen Versorgung des Kindes hat sich ein festes Band entwickelt, das aus der Not heraus um sie gelegt worden ist. Die Beziehung ist jedoch nicht nur auf praktische Hilfe ausgelegt, sondern es scheint, dass sich beide Familien auch emotional nahestehen. Die Bildung, Auslandserfahrung und guten Englischkenntnisse der Al-Sayeds erleichterten den Kontakt.

Ein Umzug wird dazu führen, dass die Fausts die Geflüchteten nicht oder nur noch wenig unterstützen können und auch die aufgebaute emotionale Nähe lässt sich über Telefonate und Skype-Gespräche vermutlich nicht in der gleichen Intensität aufrechterhalten wie bisher.

Zu 4: Die Fausts sollten sich von den Al-Sayeds würdevoll verabschieden und anbieten, weiterhin in Kontakt zu bleiben. Sie könnten die syrische Familie gelegentlich besuchen und mit ihnen regelmäßig skypen. Abschied nehmen bedeutet ein Stück weit loslassen. Davon unabhängig kann sich Sonja Faust positiv an die gemachten Erfahrungen erinnern.

Zu 5: Haben die Al-Sayeds in der Vergangenheit bereits durch Krieg und (oder) die Flucht familiäre und freundschaftliche Verluste erlebt, könnte sie die Trennung besonders hart treffen. Die Al-Sayeds müssen lernen, sich allein in für sie neuen Situationen zu orientieren und diese zu meistern. Auch für sie heißt es loslassen. Die gute Erfahrung kann sie motivieren, sich am neuen Ort neue Kontakte zu suchen, ohne allerdings in die Falle zu tappen und zu erwarten, dass sich die Beziehung zwischen ihnen und möglichen neuen Helfern genauso herzlich und freundschaftlich entwickelt wie die zu den Fausts.

Fall 28: „Also so hatte ich mir mein ehrenamtliches Engagement nicht vorgestellt" – Kein Fortschritt, sondern Frust

Birgit Wolf ist 35 Jahre, verheiratet und hat zwei Kinder im Alter von 8 und 10 Jahren. Zusammen mit ihrem Mann lebt sie in einem Reihenhaus. In ihrem Beruf als Grundschullehrerin geht Birgit voll auf.

Als sie die Bilder über die dramatischen Fluchten aus Syrien nach Deutschland gesehen hat, dachte sich Birgit: Hier muss man was tun. Ich will helfen! Obwohl sie durch ihren Beruf und ihre Familie stark eingebunden ist, übernimmt sie einmal in der Woche einen Deutschkurs in der Erstaufnahmeeinrichtung.

Heute möchte sie den Teilnehmenden, ca. 20 Flüchtlingen aus verschiedenen Ländern und Altersgruppen (5 bis ca. 35 Jahre), beibringen, ihren Namen auf Deutsch zu schreiben. Die Teilnehmenden wirken auf Birgit müde und abwesend. Auch ihre Körperhaltung empfindet Birgit als ablehnend und unmotiviert.

Zudem stellt Birgit fest, dass die meisten Teilnehmerinnen und Teilnehmer weder Stift noch Papier dabei haben. Sie läuft los und zehn Minuten später hat sie alles organisiert. Sie denkt sich: Jetzt kann es losgehen. Sie fragt einen Teilnehmer nach seinem Vornamen, schreibt diesen („Abdul") in Blockschrift an die Tafel und gibt ein paar Erklärungen zu den Buchstaben. Birgit fordert die Flüchtlinge auf, den Namen abzuschreiben. Doch niemand reagiert, obwohl Birgit mehrmals sprachlich und körpersprachlich zu verstehen gibt, was zu tun ist. Schließlich entscheidet sich Abdul, einen Stift in die Hand zu nehmen. Seine Hand zittert und wirkt ungelenk. Er bringt es nicht fertig, auch nur das große A zu schreiben. Einige Kinder fangen an zu lachen, während die Erwachsenen teilnahmslos aus dem Fenster schauen. Birgit bittet die Teilnehmenden, nächste Woche um die gleiche Zeit wieder zu ihr zu kommen, dann könnten sie weiter üben.

Kaum zur Tür hinaus, denkt sich Birgit: Also so hatte ich mir mein ehrenamtliches Engagement nicht vorgestellt. In der darauffolgenden Woche spielt sich eine ähnliche Situation ab, nur dass diesmal ganz andere Personen gekommen sind. Birgit ist frustriert und überlegt, ihr Ehrenamt zu beenden.

Fragen

1. Was motiviert Birgit, sich ehrenamtlich in der Flüchtlingshilfe zu engagieren? Wie ist ihre Lebenssituation?
2. Wie ist der Gedanke „Also so hatte ich mir mein ehrenamtliches Engagement nicht vorgestellt" zu verstehen? Was sagt Birgit über sich selbst aus?
3. Weshalb ist Birgit frustriert und resigniert?
4. Welche Verhaltensweisen der Flüchtlinge können in dem Beispiel auf Menschen in Deutschland befremdlich wirken? Wie erklären sich diese?
5. Angenommen, Sie könnten Birgit einen Rat geben, was würden Sie ihr empfehlen, um mit ihrer Frustration umzugehen? Sollte sie in der Flüchtlingshilfe weitermachen?

Lösungsmuster

Zu 1: Birgit ist eine prototypische Vertreterin der deutschen Mehrheitsgesellschaft: Sie hat eine große Teilhabe, hier angedeutet über ihren Beruf als Grundschullehrerin, eine bestehende Ehe, zwei Kinder und ein Reihenhaus. Zum ehrenamtlichen Engagement kam sie über die Bilder von Fluchten in den Medien. Sie möchte helfen und entscheidet sich für ein relativ niederschwelliges Engagement, indem sie einmal in der Woche einen Deutschkurs in einer Erstaufnahmeeinrichtung leitet. Dabei ist ihr bewusst, dass sie bereits durch ihre sonstigen Aufgaben stark eingebunden ist.

Zu 2: Mit dem Gedanken „Also so hatte ich mir mein ehrenamtliches Engagement nicht vorgestellt" deutet Birgit an, dass ihre Hilfe offenbar nicht so läuft, wie sie gedacht hatte. Einerseits möchte sie helfen, andererseits hat sie kaum Zeit und Energie, sich mit den aus ihrem neuen Engagement in der Flüchtlingshilfe resultierenden Erfahrungen und ihrer emotionalen Betroffenheit auseinanderzusetzen. Dass ihre Erwartungen nach Anerkennung und Dankbarkeit nicht erfüllt werden, damit hatte sie vermutlich nicht gerechnet (s. Antwort zu nachfolgendem Punkt 3).

Zu 3: Birgit ist frustriert darüber, dass ihr Engagement weder Anerkennung noch Dankbarkeit bei den Geflüchteten findet. Darüber hinaus gestaltet sich der Deutschunterricht als sehr mühsam und sie vermisst Kontinuität. Möglicherweise wird sie das Verhalten der Geflüchteten als mangelndes Interesse und fehlende Motivation interpretieren, Deutsch zu lernen. Dies widerspricht ihrem Bildungsideal und eventuell auch ihrem Anspruch, dass Geflüchtete hohe Anpassungsleistungen zu erbringen haben.

Zu 4: In dem Critical Incident gibt es mehrere Verhaltensweisen, die auf Menschen in Deutschland befremdlich wirken können:

- Die Teilnehmenden des Deutschkurses wirken müde und abwesend. Dies kann vermeintlich mangelnder Motivation zugeschrieben werden. Viel wahrscheinlicher jedoch ist, dass diese Reaktion der Lebenssituation in der Erstaufnahmeeinrichtung geschuldet ist. Die Menschen sind zumeist erst vor wenigen Tagen oder Wochen eingetroffen, von der Flucht und den Bedingungen in einer Sammelunterkunft erschöpft, denken oft an zurückgelassene Familienangehörige sowie an die Geschehnisse, die sie im Herkunftsland bzw. während der Flucht erlebt haben oder die sich gerade im Herkunftsland ereignen.
- Ferner machen die Anwesenden einen aus deutscher Perspektive betrachtet schlecht organisierten Eindruck: Sie besuchen einen Deutschkurs und haben weder Stift noch Papier dabei. Dies kann damit erklärt werden, dass viele Teilnehmende sich vermutlich nichts Konkretes unter dem Angebot vorstellen konnten. Lernen geschieht zudem nicht mehr durchgängig mit Papier und Stift, sondern häufig auch über das Smartphone, Filme oder einen PC. Insofern könnten andere Erwartungen dazu geführt haben, dass die Geflüchteten vermeintlich schlecht organisiert zum Kurs kommen.
- Ebenfalls befremdlich könnte auf Birgit wirken, dass die Teilnehmenden zögern, das von ihr an die Tafel Geschriebene abzuschreiben. Abdul bekommt nur unter offensichtlichen Mühen das große A zu Papier. Dies kann damit zusammenhängen, dass die Teilnehmenden keine Expertise bzw. Erfahrung haben, in lateinischen Buchstaben zu schreiben, da sie beispielsweise die arabische Schrift gelernt haben. Vermutlich ist auch der eine oder

andere (Schreib-)Analphabet darunter. Die Schreibanforderung kann einige Teilnehmende überfordern und sie riskieren, in der Situation ihr Gesicht zu verlieren. Birgit unterstellt den Anwesenden vermutlich unbewusst, dass sie die lateinische Schrift beherrschen, und bringt sie damit in eine unangenehme Situation.

Zu 5: Die Fortsetzung ihres Engagements sollte Birgit an die Reflexion ihrer Werte, den Ausbau ihrer kulturellen Sensibilität und Ambiguitätstoleranz knüpfen. Wenn es ihr gelingt, mehr Bewusstsein für kultur-, flucht- und situationsbedingte Faktoren in der Interaktion mit den Geflüchteten zu erreichen, wird sie an Verständnis und Zufriedenheit gewinnen. Dazu sollte sie sich insgesamt mehr Wissen über die Fluchterfahrungen und Lebenslage der Menschen aneignen. Gut wäre auch der Austausch mit anderen ehrenamtlichen Helferinnen und Helfern, die vielleicht über ähnliche Erfahrungen verfügen, aber Wege gefunden haben, auch ohne Anerkennung und Dankbarkeit engagiert zu bleiben. Ungünstig wäre es, wenn sie weiterhin das Verhalten der Geflüchteten unreflektiert durch ihre deutsche Brille bewertet.

Die Frage ist, ob Birgit auch ohne Anerkennung und Dankbarkeit in ihrem Engagement leben kann. Die Erfüllung eigener Bedürfnisse über die Flüchtlingshilfe abzudecken, ist schwierig. Sicherlich findet sie hierfür andere Wege in ihrem Leben. Vielleicht ist auch der Deutschkurs in der Erstaufnahmeeinrichtung für sie nicht die richtige Aufgabe und sie würde zum Beispiel bei der längerfristigen Begleitung einer Flüchtlingsfamilie mehr Nachhaltigkeit erleben.

Birgit befindet sich gerade in der sog. Rushhour des Lebens. Falls ein Engagement in der Flüchtlingshilfe ihr zu viel Kraft und Energie abverlangt, sollte sie dieses ohne Schuldgefühle wieder beenden bzw. sich für eine Lebensphase vornehmen, in der sie über mehr persönliche Ressourcen verfügt.

Fall 29: „Wie hat es Ihnen gefallen?“ – Schweigen nach dem Sprachunterricht

Heinz Knebel ist über 70 und vor wenigen Jahren in den Ruhestand gegangen. Zuvor hat er sein Leben lang als Ingenieur in einem Großunternehmen gearbeitet. Als Führungskraft ist er viel in der Welt herumgekommen, unter anderem hat er ein Jahr in den USA und zwei Jahre in Brasilien gearbeitet. Er selbst ist ein Flüchtlingskind: Seine Mutter floh mit ihm und den drei älteren Geschwistern 1945 aus Schlesien, doch daran kann sich Heinz nicht mehr erinnern.

Seit vielen Jahren ist Heinz in einem Sportverein aktiv und trainiert eine Jugendmannschaft. Seit drei Wochen engagiert sich Heinz außerdem einmal in der Woche ehrenamtlich in der Flüchtlingshilfe. Er hat eine Sprachgruppe „Willkommen in Deutschland“ mit Flüchtlingen in der Erstaufnahmeeinrichtung übernommen, die täglich von wechselnden Ehrenamtlichen angeboten wird. Die Teilnehmenden kommen freiwillig und ohne Anmeldung. In den Raum, in dem die Sprachgruppe stattfindet, passen 20 Personen. Die Idee ist, ihnen spielerisch erste Grundfertigkeiten einer Konversation in Deutsch beizubringen, damit sie beispielsweise sagen können, wo Deutschland liegt, dass sie jetzt in X-Stadt wohnen oder auf die Frage antworten können, woher sie kommen. Der Sprachunterricht dauert 60 Minuten.

In den vergangenen zwei Wochen war Heinz intensiv damit beschäftigt, sich auf die Zielgruppe einzustellen. Niemand in der Gruppe spricht Deutsch und nur mit ganz wenigen ist eine Verständigung auf Englisch möglich.

Heute hält Heinz seine dritte Stunde. Er hat sich zum Ziel gesetzt, über Lebensformen zu sprechen. Dazu hat er sich ein Konzept ausgedacht, wie er mit Bildern spielerisch verschiedene Familienkonstellationen darstellen kann. Außerdem will er die Teilnehmenden aktivieren, ihre eigene Familie zu beschreiben. Gekommen sind ca. 15 Afghanen und 3 Iraker – alles Männer. 10 Minuten nach Unterrichtsbeginn stoßen noch zwei Frauen hinzu, die Heinz nicht sicher einordnen kann, sie scheinen untereinander Arabisch zu sprechen.

Heinz beginnt mit dem Unterricht. Die Teilnehmenden sind zu Beginn sehr zurückhaltend und trauen sich kaum nachzusprechen, was Heinz ihnen beibringen möchte. Nach und nach werden sie aber lebendiger und es wird auch viel gelacht und gestaunt, insbesondere darüber, dass deutsche Familien meist nur ein oder zwei Kinder haben, während die Geflüchteten aus ihrem Herkunftsland meist große Familien mit mehr als drei Kindern gewohnt sind.

Zwei Minuten vor Schluss möchte Heinz ein Feedback einholen. Als er Antworten auf die Frage „Wie hat es Ihnen gefallen?" abwartet, schauen ihn die Teilnehmenden mit ernster Mimik an und schweigen. Der erste geht aus dem Raum und innerhalb weniger Sekunden sind auch die anderen verschwunden.

Heinz ist irritiert und verunsichert.

Fragen

1. Welche Bezüge hat Heinz zu anderen Kulturen und zum Thema Flucht? Was hat dies mit seinem eigenen Leben zu tun?
2. Was motiviert Heinz, sich in der Flüchtlingshilfe zu engagieren? Was vermuten Sie, welche Ziele und Erwartungen er mit dem Sprachunterricht verbindet?
3. Worüber ist Heinz irritiert und verunsichert? Welche seiner Werte und kulturellen Standards sind verletzt?
4. Welche Verhaltensmuster der Flüchtlinge können auf einen Menschen in Deutschland befremdlich wirken? Wie erklären sich diese?
5. Was empfehlen Sie Heinz, wie er mit seinem Bedürfnis, eine Rückmeldung zu seiner Tätigkeit zu erhalten, weiter umgehen kann?

Lösungsmuster

Zu 1: Heinz ist als früherer Manager in einem Großunternehmen viel gereist und hat unter anderem in den USA und Brasilien länger gelebt. Beides sind gut entwickelte Länder (zumindest ist es sehr wahrscheinlich, dass er in Brasilien im städtischen Raum gearbeitet hat), die mit den Herkunftsländern der Geflüchteten nicht vergleichbar sind. Er selbst floh mit seiner Mutter als Kleinkind aus Schlesien, hat daran aber keine Erinnerungen mehr. Sehr wahrscheinlich hat er als Kind und Jugendlicher jedoch die damaligen Folgen der Flucht sowie die sozialen Zuschreibungen gegenüber Flüchtlingen aus eigener Erfahrung kennengelernt.

Zu 2: Ein ehrenamtliches Engagement ist für manche Rentner, die beruflich viel Verantwortung trugen, ein willkommener Ausgleich zum Wegfall der Erwerbstätigkeit. Wer ein Leben lang beruflich stark eingebunden war, sucht oft auch im Rentenalter nach einem sinnvollen Engagement. Dies könnte eines von Heinz' Motiven sein. Unbewusst könnte auch seine eigene Fluchtgeschichte eine Rolle spielen, insofern er für die Folgen der Flucht eine hohe Empathie aufbringen kann und die Erfolgsfaktoren einer Integration aus eigener Erfahrung kennt. Zu pädagogischen Aufgaben hat Heinz über seine Trainertätigkeit in der Jugendmannschaft einen Bezug. Wie man allerdings Deutsch vermittelt, damit kennt sich Heinz bisher nicht aus.

Zu 3: Heinz' Irritation und Verunsicherung resultieren daraus, dass er keine Rückmeldung zu seinem Deutschunterricht erhält und die Teilnehmenden stattdessen den Raum verlassen. Er könnte dies als unhöflich und mangelnde Dankbarkeit interpretieren. Darüber hinaus ist er es aus dem beruflichen Umfeld gewohnt, zu dem, was er geleistet hat, ein Feedback zu erhalten. Rückmeldungen geben ihm die Sicherheit zu wissen, woran er ist, und sie dienen dazu, das Verhalten in der Zukunft an den Bedürfnissen der Menschen auszurichten. Das Feedback schließt dabei sowohl positive als auch negative Aspekte seines Verhaltens ein. In Deutschland werden Menschen früh dazu erzogen, anderen Menschen, vor allem Akteurinnen und Akteuren im Bildungsbereich gegenüber, Wünsche, Lob und Kritik auszusprechen.

Zu 4: Auf Menschen in Deutschland können mehrere Verhaltensmuster der Geflüchteten befremdlich wirken:

- Zu Heinz' Deutschkurs sind zunächst einmal nur Männer gekommen, 15 Afghanen und 3 Iraker – obwohl zu dem Zeitpunkt in der Erstaufnahmeeinrichtung viele weitere Nationen untergebracht waren. Dies ist damit zu erklären, dass es für Geflüchtete mit sogenannter guter Bleibeperspektive andere Deutschangebote gegeben hat, die beispielsweise von Syrern gut angenommen wurden. Die Deutschkurse in der Erstaufnahmestelle werden also eher von Geflüchteten besucht, denen andere Angebote nicht offenstehen.

- An dem Kurs nehmen nur zwei Frauen teil und letztere treffen verspätet ein. Zum einen ist der Männeranteil unter den Geflüchteten hoch. Zum anderen stehen die Frauen möglicherweise vor Schwierigkeiten, den Deutschkurs zu besuchen: Sie wollen ihre Kinder beaufsichtigen oder werden von Personen in ihrem Umfeld vom Kursbesuch abgehalten. Das Zuspätkommen der beiden Frauen könnte damit in Zusammenhang stehen, dass sie darauf bauen, von den Männern dann nicht des Kurses verwiesen zu werden. Für einige Geflüchtete, gerade diejenigen aus Afghanistan, war es nicht üblich, dass Frauen und Männer gemeinsam die Schule besuchten.
- Die Deutschkursteilnehmenden sind offenbar nicht darin geübt, im Bildungskontext Rückmeldungen zu geben. Dies ist unter anderem über eine hohe Machtdistanz erklärbar: In Ländern mit hoher Hierarchieorientierung ist es nicht üblich, den pädagogischen Fachkräften ein Feedback zu geben. Die Lehrperson wird kraft ihrer Rolle akzeptiert und geschätzt. Kritik wird nie direkt, allenfalls indirekt geäußert. Schule findet in Form von Frontalunterricht mit relativ wenig Interaktion zwischen Lernenden und Lehrenden statt. Den Geflüchteten ist die Rückmeldesituation im Deutschkurs der Erstaufnahmeeinrichtung offenbar unangenehm, weshalb sie diese verlassen. Dies muss aber nicht bedeuten, dass sie den Deutschkurs nicht gut fanden.

Zu 5: Es wäre eine Idee, dass Heinz im Nachhinein das Gespräch zu Einzelnen aus dem Deutschkurs sucht. Unter vier Augen kann er mehr über die Geflüchteten erfahren. Erst nach dem Aufbau von Vertrauen und einer guten Beziehung ist damit zu rechnen, dass ihnen die Geflüchteten sagen, wie zufrieden sie mit seinem Bildungsangebot sind.

Heinz könnte sich auch danach erkundigen, ob die Teilnehmenden eine Schule besucht hatten und wie diese ggf. organisiert war. So gewinnt er einen Einblick in Schulsysteme und Unterrichtsstile, welche die Geflüchteten bisher kennengelernt haben.

Er könnte eine Lehreinheit zum Thema Lernen und Schule gestalten und so mehr über die Bildung der Menschen erfahren. Allerdings sollte er das Thema sehr sensibel angehen, da die Bildungserfahrungen der Geflüchteten sehr heterogen sein können und manche sich dafür schämen könnten, wenig Bildung gehabt zu haben. Entlang von Bildungsbiografien bildet sich unter Geflüchteten mitunter eine Hierarchie, die unter anderem auch Ausgangspunkt für soziale Spannungen sein kann, welche nicht weiter verschärft werden sollten.

Fall 30: „Warum müssen WIR uns anpassen?" – Neue Zeiten für die Essensausgabe

Iryna Popovska ist 57 Jahre alt, von Beruf Sprach- und Integrationsmittlerin und seit einigen Monaten ehrenamtlich in einer Erstaufnahmeeinrichtung engagiert. Da sie selbst mit ihrer Tochter vor rund 25 Jahren als Kontingentflüchtling aus der Ukraine nach Deutschland eingewandert ist, hat sie viel Verständnis für die Situation der geflohenen Menschen und verspürt das Bedürfnis, den Menschen zu helfen. Da ihre Englisch-Kenntnisse für die Flüchtlingsbegleitung nicht ausreichen, hilft sie in der Ausgabe des Abendessens, welche täglich um 18 Uhr stattfindet.

Eines Abends während der Essensausgabe erlebt Iryna Popovska, wie eine Gruppe von zugewanderten Männern lautstark und gestikulierend auf den Leiter der Essensausgabe einredet. Die Männer sind sichtlich aufgebracht, auf Frau Popovska wirken sie wütend und aggressiv. Um was es geht, versteht Frau Popovska nicht.

Am nächsten Tag beruft der Leiter der Essensausgabe ein Treffen aller in der Essensausgabe beschäftigten Ehrenamtlichen ein und erklärt ihnen, dass die Flüchtlinge sich beschwert haben, die Essensausgabe sei zu früh, sie würden zu dieser Zeit beten und man möge das Abendessen nach hinten verschieben. Der Leiter gibt bekannt, dass die Essensausgabe ab heute statt um 18 Uhr um 20 Uhr stattfinden wird. Iryna Popovska und auch die anderen Ehrenamtlichen sind sichtlich irritiert, vielen von ihnen ist diese Uhrzeit zu spät. Iryna Popovska, die in einem Vorort wohnt und auf öffentliche Verkehrsmittel angewiesen ist, wäre erst gegen 23 Uhr zu Hause. Die Ehrenamtlichen beschweren sich über die Verschiebung und darüber, dass sie nicht in die Entscheidung über die Uhrzeit einbezogen worden sind, jedoch bleibt die neue Uhrzeit bestehen.

Iryna Popovska ist frustriert und wütend. Sie denkt sich: Das ist unfair! Da schreien die den Leiter an und kriegen, was sie wollen. Warum müssen WIR uns anpassen? Wenn sie beten wollen, sollen sie es zu einer anderen Uhrzeit tun.

Fragen

1. Was motiviert Iryna Popovska, sich ehrenamtlich in der Erstaufnahmeeinrichtung zu engagieren? Wie ist ihre Lebenssituation?
2. Wie erlebt Iryna Popovska die geschilderte Situation?
   Was meint sie mit „Warum müssen WIR uns anpassen"?
   Welche ihrer Werte sind verletzt?
3. Was glauben Sie, warum der Leiter der Essensausgabe auf diese Weise entschieden hat?
4. Welche Verhaltensweisen der Flüchtlinge können in dem Beispiel auf Menschen in Deutschland befremdlich wirken?
   Wie erklären sich diese?
5. Welche Strategie empfehlen Sie Iryna Popovska, wie sie mit der Situation umgehen kann?

Lösungsmuster

Zu 1: Iryna Popovska engagiert sich ehrenamtlich in der Erstaufnahmeeinrichtung, da sie sich aufgrund ihrer eigenen Fluchtbiografie sehr gut in die Geflüchteten hineinversetzen kann und helfen möchte. Als Sprach- und Integrationsmittlerin ist sie zudem beruflich in der Integrationsarbeit aktiv und hat vermutlich ein ausgeprägtes Bewusstsein dafür, wie wichtig auch ehrenamtliche Hilfe ist.

Zu 2: Auf Iryna Popovska wirkt die geschilderte Situation frustrierend und es macht sie wütend, dass sich die Geflüchteten mit einer lauten Debatte gegenüber dem Leiter durchgesetzt haben, ohne dass die Ehrenamtlichen in die Entscheidung einbezogen wurden. Sie dürfte dieses Verhalten als aggressiv, autoritär und wenig partnerschaftlich erleben. Mit dem Gedanken „Warum müssen WIR uns anpassen?" spielt sie auf die Möglichkeit an, dass die neu zugewanderten Geflüchteten Privilegien beanspruchen, die sie damals nicht hatte.

Iryna Popovska hat große Anpassungsleistungen erbracht und fordert von den jetzt nach Deutschland gekommenen Flüchtlingen, dass sie ebenfalls Kompromisse eingehen und Bereitschaft zur Integration zeigen. Dass die Geflüchteten mit dem Hinweis auf ihre Gebetszeiten die Essensausgabe verschieben, deutet Frau Popovska als Affront. Vermutlich gehört Religion für sie zur Privatsphäre und sie ist wütend darüber, dass entsprechende Werte nunmehr im Alltag in den Mittelpunkt rücken.

Zu 3: Der Leiter der Essensausgabe hat der zeitlichen Verschiebung der Essensausgabe zugestimmt, weil er entweder die Argumente der Geflüchteten nachvollziehen konnte oder auf diese eingehen wollte. Er könnte sich unter Druck gesetzt gefühlt haben und einer Konflikteskalation entgegenwirken wollen. Aus Sicht der Geflüchteten ist die Entscheidung des Leiters der Essensausgabe migrationssensibel. Die Frage ist allerdings, ob die Verschiebung der Zeiten für alle Geflüchteten in der Erstaufnahmeeinrichtung relevant ist oder sich nur einige wenige mit ihrer Forderung durchgesetzt haben.

Zu 4: Auf Menschen in Deutschland könnte befremdlich wirken, dass die Geflüchteten lautstark und gestikulierend auf den Leiter der Essensausgabe zugehen. Dies könnte eine kulturspezifische Verhaltensweise sein, die von Menschen in Deutschland als aggressive Tendenz fehlinterpretiert werden kann. Aber auch dass sich eine Essensausgabe nach Gebetszeiten richtet, dürfte für die meisten Menschen in Deutschland nicht üblich sein. Religion gehört zur Privatsphäre. Sie spielt im Alltag und in der Öffentlichkeit nur eine geringe Rolle.

Zu 5: Es ist empfehlenswert, dass Iryna Popovska entweder selbst oder über den Koordinator für Ehrenamtliche das Gespräch mit dem Leiter der Essensausgabe sucht. Sicherlich wird dieser ohnehin merken, dass er künftig mit deutlich weniger ehrenamtlichen Helferinnen und Helfern auskommen muss. Insofern sollte er ein Interesse daran haben, einen Ausgleich zwischen den Geflüchteten und den Ehrenamtlichen zu finden.

Insgesamt wäre zu überlegen, ob die Erstaufnahmestelle eine Art „Beirat" etabliert, der als Sprecherorgan gegenüber der Verwaltung der Erstaufnahmestelle fungiert. In dem beschriebenen Konflikt könnte abgesichert werden, inwieweit die Verschiebung der Essensausgabe tatsächlich im Interesse der Mehrheit der Geflüchteten liegt. Außerdem kann eine solche Selbstverwaltung in die Konfliktregelung eingebunden werden.

8. Ausblick

Das Leben in einer postmigrantischen Gesellschaft, in der Einwanderung das Zusammenleben prägt, ist mit zahlreichen Aushandlungsprozessen verbunden (vgl. Foroutan, 2015). Einige Beispiele dafür aus dem Umfeld der Flüchtlingshilfe wurden in diesem Band aufgegriffen. Die Strukturen und Institutionen in einer Migrationsgesellschaft, die sich politisch (noch) nicht als Einwanderungsland definiert (da es kein Einwanderungsgesetz gibt), hinken den gesellschaftlichen Realitäten und Bedarfen mitunter hinterher.

In der Zukunft wird die Rolle von Ehrenamtlichen bei der sozialen und Arbeitsmarktintegration von Geflüchteten an Bedeutung gewinnen. Zwei bis drei Jahre, nachdem Menschen in großer Anzahl nach Deutschland kamen, sind die Geflüchteten auf dem Ausbildungs- und Arbeitsmarkt angekommen. Die Bertelsmann Stiftung (2016) zieht den Schluss, dass freiwillige Helferinnen und Helfer die Anerkennung ausländischer Bildungs- und Berufsabschlüsse beschleunigen, Brücken zur Arbeitsverwaltung aufbauen und sogar die Arbeitsvermittlung selbst übernehmen können.

Gerade informelle Wege der Arbeitsplatzsuche bzw. persönliche Netzwerke scheinen für Geflüchtete Erfolg versprechend zu sein (vgl. Eisnecker & Schacht, 2016). In der Studie der Organisation for Economic Co-Operation and Development (2017) gaben 40 Prozent der befragten Unternehmen, die Geflüchtete eingestellt hatten, an, dies zumindest teilweise unter Einbeziehung zivilgesellschaftlicher Organisationen gemacht zu haben.

Ehrenamtliche bewegen sich damit dicht an staatlichen Aufgaben und können Behörden bei ihrem Auftrag unterstützen. Die Rolle von Ehrenamtlichen bei der Integration von Geflüchteten in Ausbildung und Arbeit sollte konkretisiert werden, unter anderem auch deshalb, um den Freiwilligen gezielte Qualifizierungsangebote machen zu können sowie um passende Strukturen zur Förderung und Koordinierung des zivilgesellschaftlichen Engagements zu schaffen. In diesem Zusammenhang wird es nicht ausbleiben, neue Kooperationsformen zwischen dem Staat sowie den Bürgerinnen und Bürgern zu erproben (vgl. auch BMFSFJ, 2017).

Knuth (2016) befürchtet, dass die „institutionellen Gegebenheiten, denen sich Flüchtlinge gegenübersehen (...) frustrierend“ auf Ehrenamtliche wirken und „zum Erlahmen des ehrenamtlichen Engagements führen" könnten, wenn die Geflüchteten aus den Jahren 2015/2016 „vor den Toren der Arbeitsmarktinstitutionen angekommen sein werden" (S. 10).

Tatsächlich sind einige Ehrenamtliche zwischenzeitlich aus der Flüchtlingshilfe ausgestiegen – mitunter noch bevor diese auf dem Arbeitsmarkt angekommen sind. Manche von ihnen haben die Erfahrungen mit den Geflüchteten nicht positiv in Erinnerung behalten und sogar Vorbehalte gegen Zuwanderung und Zugewanderte entwickelt. Sie vertreten nunmehr eine Migrations- und (oder) Islamfeindlichkeit, teilweise auch deshalb, weil es für sie zu keiner Verständigung mit den Menschen kam oder sie nicht genügend Resonanz erfahren haben.

Ehrenamtsbeauftragte und Bildungseinrichtungen sollten sich überlegen, welche Angebote sie dieser Gruppe skeptischer und vor der Resignation stehender Akteurinnen und Akteure machen können bzw. was sie daraus für die Weiterentwicklung des Ehrenamtes in der Zukunft, insbesondere mit Blick auf die Arbeitsmarktintegration von Geflüchteten, lernen können. Es wäre zu überlegen, ob eine ähnliche Fallsammlung wie in diesem Band mit Blick auf die Unterstützung der Arbeitsmarktintegration von Geflüchteten entwickelt werden sollte.

Nicht zuletzt gilt es auch, die Wahrnehmungen und Erfahrungen von Geflüchteten selbst auf die Ehrenamtlichen und die an sie gerichteten Hilfsstrukturen zu untersuchen: Wie bewerten Geflüchtete das ehrenamtliche Engagement? Was sind positive und kritische Erfahrungen bei der Integration aus ihrer Perspektive? Es wäre sicherlich spannend, Critical Incidents auch aus Sicht der Betroffenen zu erheben und sie in das interkulturelle Lernen einzubeziehen.

9. Literatur

Ahrens, P. (2015). Skepsis oder Zuversicht? Erwartungen der Bevölkerung zur Aufnahme von Flüchtlingen in Deutschland. Abgerufen am 05.06.2017 unter www.ekd.de/ekd_de/ds_doc/20151221_si-studie-fluechtlinge.pdf.

Albert, R. (1983). The Intercultural Sensitizer or Culture Assimilator: A cognitive Approach. In D. Landis & R. Brislin (Hrsg.), Handbook of Intercultural Training Vol. 2 (S. 186-217). New York: Pergamon Press.

Aronson, E., Wilson, T. D. & Akert, R. M. (2008). Sozialpsychologie (6. Aufl.). München usw.: Pearson Studium.

Auernheimer, G. (2013). Interkulturelle Kommunikation, mehrdimensional betrachtet, mit Konsequenzen für das Verständnis von Interkultureller Kompetenz. In Auernheimer. G. (Hrsg.), Interkulturelle Kompetenz und pädagogische Professionalität (4. Aufl.) (S. 37-70). Wiesbaden: VS Verlag für Sozialwissenschaften.

Bennett, J. M. & Bennett, M. J. (2004). Developing intercultural sensitivity. An integrative approach to global and domestic diversity. In D. Landis, J. M. Bennett & M. J. Bennett, Handbook of Intercultural Training (3rd ed.) (pp. 147-165). Thousand Oaks: Sage.

Bentner, A. & Brechtel, F. (2009). Interkulturelle Personalentwicklung in der öffentlichen Verwaltung – das Beispiel Kreisverwaltung Germersheim. In M. Otten, A. Scheitza & A. Cnyrim (Hrsg.), Interkulturelle Kompetenz im Wandel – Band 2: Ausbildung, Training und Beratung (S. 111-128). Münster: LIT.

Bertallo, A., Hettlage, R., Perez, M., Reppas-Schmid, M., Scherer, K., Strickler, M., Thomas, A. & Toh, Y. (2004). Verwirrende Realitäten. Interkulturelle Kompetenz mit Critical Incidents trainieren. Zürich: Pestalozzianum an der Pädagogischen Hochschule Zürich.

Bertelsmann Stiftung (2016). Koordinationsmodelle und Herausforderungen ehrenamtlicher Flüchtlingshilfe in den Kommunen. Qualitative Studie des Berliner Instituts für empirische Integrations- und Migrationsforschung. Abgerufen am 05.06.2017 unter www.bertelsmann-stiftung.de/fileadmin//files/BSt/Publikationen/GrauePublikationen/Koordinationsmodelle_und_Herausforderungen_ehrenamtlicher_Fluechtlingshilfe_in_den_Kommunen.pdf

Bertelsmann Stiftung & Cariplo, F. (Hrsg.) (2008). Interkulturelle Kompetenz – Schlüsselkompetenz im 21. Jahrhundert? Gütersloh, Mailand: Bertelsmann Stiftung. Abgerufen am 05.06.2017 unter www.bertelsmann-stiftung.de/fileadmin/files/BSt/Presse/imported/downloads/xcms_bst_dms_30236_30237_2.pdf

Bierhoff, H. W. (2006). Sozialpsychologie. Ein Lehrbuch (6. Aufl.). Stuttgart: Kohlhammer.

Brinkmann, R. (2013). Intervision. Ein Trainings- und Methodenbuch für die kollegiale Beratung (2. Aufl.). Hamburg: Windmühle.

Bundesamt für Verfassungsschutz (2017). Rechtsextremistische Straf- und Gewalttaten. Abgerufen am 01.10.2017 unter www.verfassungsschutz.de/de/arbeitsfelder/af-rechtsextremismus/zahlen-und-fakten-rechtsextremismus/rechtsextremistische-straf-und-gewalttaten-2016

Bundesministerium für Familie, Senioren, Frauen und Jugend (2017). Zweiter Bericht über die Entwicklung des bürgerschaftlichen Engagements in der Bundesrepublik Deutschland. Abgerufen am 23.10.2017 unter www.bmfsfj.de/blob/115624/d6da5ce2163c59600f48a7a5d360a3b2/2-engagementbericht-und-stellungnahme-br-data.pdf

Bundesministerium für Familie, Senioren, Frauen und Jugend (2016). Freiwilliges Engagement in Deutschland. Zusammenfassung zentraler Ergebnisse des Vierten Deutschen Freiwilligensurveys. Berlin: Publikationsversand der Bundesregierung.

Bundesministerium für Familie, Senioren, Frauen und Jugend & INBAS-Sozialforschung GmbH (2015). Kooperation von Haupt- und Ehrenamtlichen als Gestaltungsaufgabe. Ein Leitfaden für die Praxis. Abgerufen am 05.06.2017 unter www.bmfsfj.de/blob/94176/11267bd21daff5b30dd44dcf967cd280/kooperation-von-haupt-und-ehrenamtlichen-als-gestaltungsaufgabe-leitfaden-data.pdf

Charité Universitätsmedizin Berlin (2017). Study on Female Refugees. Repräsentative Untersuchung von geflüchteten Frauen in unterschiedlichen Bundesländern in Deutschland. Abschlussbericht. Abgerufen am 11.07.2017 unter https://female-refugee-study.charite.de

Cohen-Emerique, M. (2006). Der Kulturschock als Weiterbildungsmethode und als Forschungsinstrument. In H. Nicklas, B. Müller & H. Kordes (Hrsg.), Interkulturell denken und handeln. Theoretische Grundlagen und gesellschaftliche Praxis (S. 317-327). Bonn: Bundeszentrale für politische Bildung.

Foroutan, N. für bpb.de (2015). Die postmigrantische Gesellschaft. Abgerufen am 23.10.2017 unter www.bpb.de/gesellschaft/migration/kurzdossiers/205190/die-postmigrantische-gesellschaft

Eisnecker, P. & Schacht, D. (2016). Die Hälfte der Geflüchteten in Deutschland fand ihre erste Stelle über soziale Kontakte. DIW Wochenbericht, 35, 757-764. Abgerufen am 23.10.2017 unter www.diw.de/documents/publikationen/73/diw_01.c.541805.de/16-35-6.pdf

Enquete-Kommission „Zukunft des Bürgerschaftlichen Engagements" (2002). Bericht der Enquete-Kommission „Zukunft des Bürgerschaftlichen Engagements". Bürgerschaftliches Engagement: auf dem Weg in eine zukunftsfähige Bürgergesellschaft (Bundestagsdrucksache 14/8900). Berlin: Deutscher Bundestag. Abgerufen am 05.06.2017 unter http://dip21.bundestag.de/dip21/btd/14/089/1408900.pdf

Fiedler, F. E., Mitchell, T. & Triandis, H. C. (1971). The culture assimilator: An approach to cross-cultural training. Journal of Applied Psychology, 55, 95-102.

Flanagan, J. C. (1954). The Critical Incident Technique. Psychological Bulletin, 51, Vol. 4, 327-358. Abgerufen am 05.06.2017 unter www.analytictech.com/mb870/Readings/flanagan.pdf

Foitzik, A. (Projekt klever-iq, Netzwerk Rassismuskritische Migrationspädagogik) (o.J.). Unterstützungsarbeit. Auf Augenhöhe mit Geflüchteten?! – ein Reflexionsvideo. Abgerufen am 05.06.2017 unter www.rassismuskritik-bw.de/erklaervideo

Franzke, B. & Shvaikovska, V. (2016). Interkulturelles Training in einer Einwanderungsgesellschaft. 55 Critical Incidents für die Arbeitsfelder Jobcenter, Kommunalverwaltung, Kunst und Polizei. Bielefeld: Bertelsmann.

Gehm, T. (2006). Kommunikation im Beruf. Hindernisse, Hilfen, Strategien (4. Aufl.). Weinheim, Basel: Beltz.

Grosch, H. & Groß, A. (2005). Entwicklung spezifischer Vermittlungsformen und Medien. In W. R. Leenen (Hrsg.), Bausteine zur interkulturellen Qualifizierung der Polizei (S. 227-271). Münster usw.: Waxmann.

Hall, E. T. (1976). Beyond Culture. New York: Garden City.

Han-Broich, M. (2012). Ehrenamt und Integration. Die Bedeutung sozialen Engagements in der (Flüchtlings-)Sozialarbeit. Wiesbaden: VS Verlag für Sozialwissenschaften.

Hanns-Seidel-Stiftung e.V. (2016). Engagiert für Flüchtlinge. Ein Ratgeber für Ehrenamtliche. Abgerufen am 05.06.2017 unter www.hss.de/download/publications/Engagiert_fuer_Fluechtlinge_Ratgeber.pdf

Hofstede, G. (2011). Lokales Denken, globales Handeln (5. Aufl.). München: C. H. Beck. Siehe auch: www.geert-hofstede.com

Institut für den Situationsansatz (2007). Zur Kommunikation zwischen Eltern und Erzieher_innen bei Konflikten. Abgerufen am 05.06.2017 unter www.situationsansatz.de/files/texte%20ista/fachstelle%20kinderwelten/kiwe%20pdf/Zusammenarbeit_zw_Eltern_u_Erzieher_innen_bei_Konflikten.pdf

Jacobsen, A. (2011). Interkulturelle Kompetenz als Methode – Der Situative Ansatz. Soziale Probleme, 22, 154-173.

Karakayali, S. & Kleist, O. (2015). EFA-Studie Strukturen und Motive der ehrenamtlichen Flüchtlingsarbeit (EFA) in Deutschland. Eine Studie des Berliner Instituts für empirische Integrations- und Migrationsforschung an der Humboldt-Universität zu Berlin. Abgerufen am 05.06.2017 unter www.fluechtlingshilfe-htk.de/uploads/infos/49.pdf

Karakayali, S. & Kleist, O. (2016): EFA-Studie 2: Strukturen und Motive der ehrenamtlichen Flüchtlingsarbeit in Deutschland, 2. Forschungsbericht: Ergebnisse einer explorativen Umfrage vom November/Dezember 2015. Berlin: Berliner Institut für empirische Integrations- und Migrationsforschung (BIM), Humboldt-Universität zu Berlin 2016. Abgerufen am 05.06.2017 unter www.bim.hu-berlin.de/media/Studie_EFA2_BIM_11082016_V%C3%96.pdf

Krewer, B. (1994). Interkulturelle Trainingsprogramme – Bestandsaufnahme und Perspektiven. In H.-G. Arzt (Hrsg.), Europäische Qualifikation durch deutsch-französische Ausbildung? Die Bedeutung der Unterschiede nationaler Bildungssysteme für die internationale wirtschaftliche Zusammenarbeit (S. 36-50). Ludwigsburg: Deutsch-Französisches Institut.

Landschaftsverband Rheinland (2016). Kleines Handbuch für ehrenamtliche Helferinnen und Helfer von Flüchtlingen. Abgerufen am 05.06.2017 unter http://publi.lvr.de/publi/PDF/778-Broschuere_Ehrenamtliche_Fluechtlingshelfer-internet.pdf

Layes, G. (2007). Kritische Interaktionssituation. In J. Straub, A. Weidemann & D. Weidemann (Hrsg.), Handbuch interkulturelle Kommunikation und Kompetenz. Grundbegriffe – Theorien – Anwendungsfelder (S. 384-391). Stuttgart, Weimar: Metzler.

Leenen, W. R. & Grosch, H. (2000). Interkulturelles Training in der Lehrerfortbildung. In Bundeszentrale für politische Bildung (Hrsg.), Interkulturelles Lernen – Arbeitshilfen für die politische Bildung (S. 319-342). Bonn: Bundeszentrale für politische Bildung.

Leenen, W. R., Stumpf, S. & Scheiza, A. (2014). „Interkulturelle Kompetenz" in der Personalauswahl – Konzeptionalisierung und Integration in bestehende Auswahlsysteme. In F. Barié-Wimmer, K. von Helmolt & B. Zimmermann (Hrsg.), Interkulturelle Arbeitskontexte. Beiträge zur empirischen Forschung (S. 227-257). Stuttgart: ibidem.

Maletzke, G. (1996). Interkulturelle Kommunikation. Zur Interaktion zwischen Menschen verschiedener Kulturen. Opladen: Westdeutscher Verlag.

Mecheril, P. (2013). „Kompetenzlosigkeitskompetenz" – Pädagogisches Handeln unter Einwanderungsbedingungen. In G. Auernheimer (Hrsg.), Interkulturelle Kompetenz und pädagogische Professionalität (4. Aufl.) (S. 15-35). Wiesbaden: VS Verlag für Sozialwissenschaften.

Netzwerk IQ, Fachstelle Einwanderung (2017). Ehrenamtliche Arbeit im Bereich der Arbeitsmarktintegration von Geflüchteten. Abgerufen am 23.10.2017 unter www.netzwerk-iq.de/fileadmin/Redaktion/Bilder/Fachstelle_Einwanderung/Publikationen_2017/FE_WP_EHRENAMT_17-10-04_Online_Version.pdf

Netzwerk Rassismuskritische Migrationspädagogik (2016). Ergänzendes Material zum Erklärvideo „Unterstützungsarbeit – Auf Augenhöhe mit Geflüchteten? Abgerufen am 05.06.2017 unter www.rassismuskritik-bw.de/erklaervideo

Olberg, K. (1960). Cultural Shock: Adjustment to New Cultural Environments. Practical Anthropology, 7/4, 177-182.

Organisation for Economic Co-Operation and Development (2017). Nach der Flucht: Der Weg in die Arbeit. Arbeitsmarktintegration von Flüchtlingen in Deutschland. Abgerufen am 05.06.2017 unter www.oecd.org/berlin/publikationen/Arbeitsmarktintegration-von-Fluechtlingen-in-Deutschland-2017.pdf

Otten, M., Scheitza, A., Cnyrim, A. (2009). Die Navigation im interkulturellen Feld: Eine gemeinsame Einleitung für beide Bände. In M. Otten, A. Scheitza & A. Cnyrim (Hrsg.), Interkulturelle Kompetenz im Wandel – Band 1: Grundlegungen, Konzepte und Diskurse (S. 15-38). Münster: LIT.

Podsiadlowski, A. (2007). Interkulturelle Kommunikation und Zusammenarbeit – Interkulturelle Kompetenz trainieren – Mit Übungen und Fallbeispielen. München: Vahlen.

Helmle, K.-S. (2017). Leichte Sprache für Institutionen des Arbeitsmarktes. Handreichung zur Einführung Leichter Sprache im Rahmen von interkulturellen Öffnungsprozessen. Hrsg. Von Projekt klever-iq, Fachdienst Jugend, Bildung, Migration & BruderhausDiakonie. Abgerufen am 01.10.2017 unter www.netzwerk-iq.de/fileadmin/Redaktion/Downloads/IQ_Publikationen/Zielgruppen/Jobcenter_und_Arbeitsagenturen/2017_Leichte_Sprache.pdf

Rat für Migration (Hrsg.) (2016). So schaffen wir das. Abgerufen am 05.06.2017 unter www.rat-fuer-migration.de/pdfs/Projektbeschreibung_So_schaffen_wir_das.pdf

Reinecke, M. & Pahlke, J. (2011). Interkulturelle Personalentwicklung. Anforderungsprofile, Auswahlverfahren, Fortbildungen. Berliner Hefte zur interkulturellen Verwaltungspraxis, herausgegeben vom Beauftragten des Berliner Senats für Integration und Migration. Abgerufen am 05.06.2017 unter www.ramboll.de/media/view/~/media/A860B17BC2E94F-F499627ED8A611DEA6.ashx

Rogers, C. R. (1977). Therapeut und Klient. Grundlagen der Gesprächspsychotherapie. Frankfurt a. M.: Fischer.

Rosenberg, M. (2012). Gewaltfreie Kommunikation: Eine Sprache des Lebens (10. Aufl.). Paderborn: Junfermann.

Schröder, M. (2016). Schutz vor Überlastung für Ehrenamtliche. Vortrag im Rahmen des Fachtags „Nachhaltigkeit in der Flüchtlingsarbeit“ des Ministeriums für Familie, Frauen, Jugend, Integration und Verbraucherschutz Rheinland-Pfalz am 10.11.2016 in Bad Kreuznach. Abgerufen am 05.06.2017 unter www.aktiv-fuer-fluechtlinge-rlp.de/arbeitsmaterial/detail-seite/fachtag-nachhaltigkeit.html

Schuler, H. (2014). Arbeits- und Anforderungsanalyse. In H. Schuler & U. P. Kanning (Hrsg.), Lehrbuch der Personalpsychologie (3. Aufl.) (S. 61-98). Göttingen usw.: Hogrefe.

Schumacher, J. (2016). Kooperation von Haupt- und Ehrenamtlichen im Engagement und in der Arbeit mit Geflüchteten. Vortrag im Rahmen des Fachtags „Nachhaltigkeit in der Flüchtlingsarbeit" des Ministeriums für Familie, Frauen, Jugend, Integration und Verbraucherschutz Rheinland-Pfalz am 10.11.2016 in Bad Kreuznach. Abgerufen am 05.06.2017 unter www.aktiv-fuer-fluechtlinge-rlp.de/arbeitsmaterial/detail-seite/fachtag-nachhaltigkeit.html

Statistisches Bundesamt (2016). Bevölkerung mit Migrationshintergrund auf Rekordniveau. Pressemitteilung Nr. 327 vom 16.09.2016. Abgerufen am 05.06.2017 unter www.destatis.de/DE/PresseService/Presse/Pressemitteilungen/2016/09/PD16_327_122.html

Taft, R. (1977). Coping with unfamiliar cultures. In N. Warren (ed.), Studies in cross-cultural psychology (p. 121-152). London: Academic Press.

Thomas, A. (Hrsg.). Beruflich in ... (verschiedene Länder). Trainingsprogramm für Manager, Fach- und Führungskräfte. Göttingen: Vandenhoeck & Ruprecht.

Thomas, A. (1993). Psychologie interkulturellen Lernens und Handelns. In A. Thomas (Hrsg.), Kulturvergleichende Psychologie. Eine Einführung (S. 377-424). Göttingen: Hogrefe.

Thomas, A. (2003). Kultur und Kulturstandards. In A. Thomas, E.-V. Kinast & S. Schroll-Machl (Hrsg.), Handbuch interkulturelle Kommunikation und Kooperation. Band 1: Grundlagen und Praxisfelder (2. Aufl.) (S. 19-31). Göttingen: Vandenhoeck & Ruprecht.

Tietze, K.-O. (2009). Kollegiale Beratung. Abgerufen am 05.06.2017 unter www.kollegiale-beratung.de/index.html

Wight, A. (1995). The Critical Incident as a Training Tool. In S. Fowler & M. Mumford (eds.), Intercultural Sourcebook Vol. 1. Cross-Cultural Training Methods (pp. 127-140). Yarmouth: Intercultural Press.

10. Anhang: Übersicht aller Fälle (CIs)

Nr.	Titel	Interkulturelle Themen, flucht- und migrationsspezifische Erfahrungen, Aspekte der Helferbeziehung und sonstige (kritische) Merkmale	Zielgruppe EA = Ehrenamtliche HA = Hauptamtliche
1	„Das sind Brüder“ – Anrufe beunruhigen eine Ehrenamtliche	• zerbrochene Familien und veränderte Familienstrukturen infolge von Flucht / Migration bei einer Familie aus Eritrea • Entwicklung von Autonomie und Identität / Zugehörigkeit bei einer jungen Frau mit Fluchthintergrund • Misstrauen und Sorge der Ehrenamtlichen, dass Geflüchtete (sexuelle) Beziehungen mit ausbeuterischem Charakter eingeht	EA
2	„Nein, der Papa soll mitgehen, da sind zu viele Männer“ – Appell an eine 16-Jährige	• zerbrochene Familien und veränderte Familienstrukturen infolge von Flucht / Migration bei einer Familie aus Eritrea • unterschiedliche Bewertung der Notwendigkeit einer Fahrradreparatur • Entwicklung von Autonomie und des Wunsches nach Selbstbehauptung bei einer jungen Frau mit Fluchthintergrund • Sorge des Ehrenamtlichen, dass die Frau von männlichen Geflüchteten belästig werden könnte	EA
3	„Mach du das für mich“ – Ein Geflüchteter hat eine überteuerte Schere gekauft	• Rückgabe einer gekauften Schere aus interkultureller Sicht (Deutschland, Eritrea) • Handlungsroutinen, Autonomie und Abhängigkeit in Helferbeziehungen • Ehrenamtlicher fordert Geflüchteten zur Rückgabe der Schere auf • der Geflüchtete bittet den Ehrenamtlichen, dass er dies für ihn erledigt	EA

4	„Kannst du helfen?" – Hilfeersuchen nach einem durch einen Geflüchteten selbst verschuldeten Unfall ohne Fahrerlaubnis	• Norm- und Regelorientierung in Zusammenhang mit einem Verkehrsunfall, den ein Geflüchteter aus Syrien verursachte • ggf. Gruppen- versus Einzelorientierung (unbedingter Zusammenhalt in der Gruppe versus „jeder muss seine Suppe selbst auslöffeln") • Hilfe im Umgang mit Behörden (hier: Polizei) • Zweifel beim Ehrenamtlichen, ob er dem Hilfegesuch nachkommen soll	EA
5	Moralische Bedenken – Hilfe bei der Organisation eines Schwangerschaftsabbruchs?	• Bewertung von Lebensstilen, Familienformen, Partnerschaft und sexuellen Beziehungen entgegen gängiger Klischees über Geflüchtete • Stereotype und Vorurteile im Zusammenhang mit Frauen aus Osteuropa • Zweifel bei der Ehrenamtlichen, ob sie einer Geflüchteten trotz moralischer Bedenken weiterhelfen soll	EA / HA
6	„Meine Tochter ist weggelaufen" – Eine 16-Jährige zieht zu ihrer Tante	• veränderte Familienstrukturen infolge von Flucht / Migration in einer Familie aus Syrien • Entwicklung von Autonomie, Umgang mit neugewonnenen Freiheiten, Selbstfindung, Identität und Zugehörigkeit bei einer jungen Geflüchteten • Verletzung der Schulpflicht, Kommunikation mit der Schule • Rolle von Ehrenamtlichen bei Familienkonflikten und im Umgang mit Behörden	EA / HA
7	„Werde ich da für immer gefangen gehalten?" – Eine Mutter ist verzweifelt	• Umgang mit Symptomen der Traumatisierung infolge von Kriegs- und Fluchterfahrungen, artikulierte Selbsttötungsabsicht bei einer Mutter aus dem Irak • kulturspezifischer Ausdruck von Trauer und Verzweiflung • Inhalte von verzerrten bzw. falschen Deutschlandbildern bei Geflüchteten sowie Reaktionen darauf • Hilfe für besonders schutzbedürftige Frauen (allein und mit mehreren kleinen Kindern nach Europa migriert)	EA / HA

8	„Youssef hat in Syrien die Schule geschafft. Und er kann sehr gut mit dem Körper arbeiten" – Umgang mit Behinderung	• herkunftsspezifisches Verständnis von Lernbehinderung (Deutschland, Syrien) und kulturspezifischer Umgang damit • lebenspraktische Hilfe für eine geflüchtete Familie und ggf. emotionale Stabilisierung durch Ehrenamtliche	EA / HA
9	„Bring mir einen neuen Papa, eine neue Mama und einen Bruder" – Sehnsucht nach einer neuen Familie	• Ausdruck von Trauer und Verlust • Umgang mit Symptomen der Traumatisierung infolge von Kriegs- und Fluchterfahrungen bei einem unbegleiteten afghanischen Jungen • Identität und Zugehörigkeit bei Heranwachsenen aus kollektivistischen Kulturen • Aushalten von Ohnmacht und eigener Hilflosigkeit bzw. Umgang damit bei Helferinnen und Helfern von Geflüchteten	EA
10	„Ich werde Fußballprofi" – Berufliche Vorstellungen eines 16-Jährigen	• kulturspezifische Aspekte von Planung und Zielorientierung bei einem somalischen Jugendlichen (unbegleiteter Flüchtling) und seinem deutschen Helfer • Stereotypisierung • Berufsorientierung mit jungen Geflüchteten, Schaffung realistischer Zielvisionen	EA / HA
11	„Vielleicht später ..." – Ein Geflüchteter will lieber bei McDonalds arbeiten, als sich seinen Studienabschluss anerkennen lassen	• berufliche Integration eines Geflüchteten aus dem Irak • kulturspezifisches Verständnis von Zeit bei einem Geflüchteten (kurzfristige Orientierung) und seinem Helfer (langfristige Orientierung) • Bewertung der Erfahrung, dass Migration oft mit sozialem Abstieg verbunden ist • Aufklärung über Zugang zum deutschen Arbeitsmarkt und Ermutigung durch den Helfer	EA / HA

12	„Die Wohnung ist zu klein für uns" – Eine Frage des Anspruchs	• Wohnungssuche für geflüchtete Familien (hier für eine Familie aus Syrien) • Umgang mit unterschiedlichen Anspruchshaltungen • verzerrte Deutschlandbilder bei Geflüchteten • Umgang mit Zurückweisungen in Helferbeziehungen, hier: eines Wohnungs- / Hilfsangebots	EA
13	„Wir haben die Wohnung anderweitig vergeben" – Schwierige Wohnungssuche	• Schwierigkeiten bei der Wohnungssuche für eine irakische Familie • Umgang mit Benachteiligung / Diskriminierung auf dem Wohnungsmarkt bei Ehrenamtlichen mit gewöhnlich großer Teilhabe in der deutschen Gesellschaft	EA
14	„Sind Sie Juristin?" – Telefonat mit der Ausländerbehörde	• Erfahrung struktureller Grenzen bei der Organisation von Hilfe für eine christliche Familie aus Syrien, und zwar aus Perspektive eines Ehrenamtlichen mit großer Teilhabe in der deutschen Gesellschaft • Umgang mit Behörden • Orientierungslosigkeit im System bzw. Unkenntnis von Strukturen im Asylverfahren bei Ehrenamtlichen	EA / HA
15	„Renate hat falsche Versprechungen gemacht" – Beschwerde über eine Ehrenamtliche	• kulturspezifischer Ausdruck von Unwohlsein und Kritik (Deutschland, Syrien) • Umgang mit kommunikativen Missverständnissen (gesagt versus gemeint versus verstanden versus umgesetzt) • ggf. hohe versus niedrige Hierarchieorientierung	EA / HA
16	„Möge Gott dir ein langes Leben und gute Gesundheit schenken ..." – Dank nach einem Gespräch	• kulturspezifisches Verständnis von Kommunikationsstilen (Deutschland, Syrien) • Umgang mit Missverständnissen aufgrund unterschiedlicher Kommunikationsstile • Umgang mit unterschiedlichen Perspektiven von Haupt- und Ehrenamtlichen	EA / HA

17	Befremdliches Verhalten beim Optiker	• Autonomie und Abhängigkeit in Helferbeziehungen • kulturspezifisches Verständnis / Skript über den Besuch beim Optiker (Deutschland, Syrien) • ggf. Geschlechterrollen • Nein-Sagen und Ausdruck der Zurückweisung eines angebotenen Produktes	EA / HA
18	„Na, da haben wir uns ja was eingebrockt …“ – Gespräch mit einem Geflüchteten, der eine Frau belästigt haben soll	• herkunftsspezifische Vorstellungen über private Lebensweisen, sexuelle Beziehungen, Partnerschaft und Eheanbahnung (Deutschland versus Geflüchteter aus Syrien) • unterschiedliche Konflikthandhabung (verbal versus körperlich) • Durchsetzung einer gewaltfreien Konfliktregelung nach westeuropäischem Verständnis durch Akteurinnen und Akteure in der Flüchtlingshilfe • Aufrechterhaltung von Motivation und Offenheit bei Akteurinnen und Akteuren in der Flüchtlingshilfe, wenn sie mehrfach mit Verhaltensweisen konfrontiert werden, die mit den Grundwerten und Gesetzen der deutschen Gesellschaft nicht vereinbar sind	EA / HA
19	„Das wirft ein ganz schlechtes Licht auf uns!“ – Beschwerde über einen Flüchtlingspaten	• unterschiedliches Verständnis von Nähe und Distanz zwischen Geflüchteten aus Syrien und ihrem Helfer • unterschiedliche Geschlechterrollen • Ausdruck von Unmut und Kritik • Rolle von Hauptamtlichen bei Kritik an Ehrenamtlichen	EA / HA
20	„Keine Kuchen, bitte“ – Offener Protest gegen ein Hilfsangebot	• emotionaler und sprachlicher Ausdruck von Unbehagen und Kritik (Deutschland, Geflüchtete aus dem Iran und anderen Ländern), insbesondere bei nur rudimentären Sprachkenntnissen • Umgang mit Zurückweisung einer gut gemeinte Hilfeleistung bei Ehrenamtlichen • herkunftsspezifische Süßigkeiten	EA

21	„Sie müssen der Familie eine Wohnung geben!" – Forderungen an die Verwaltung	• Umgang mit sozialer Zurückweisung bei Ehrenamtlichen mit gewöhnlich großer Teilhabe in der deutschen Gesellschaft • Unkenntnis von Strukturen im Asylverfahren (einer syrischen Familie christlichen Glaubens) bei Ehrenamtlichen • Hauptamtliche / Behördenmitarbeiterinnen und Mitarbeiter: Zurückweisung der Forderung der Privilegierung und Soldarisierung mit einer syrischen Familie aufgrund ihres christlichen Glaubens • Ehrenamtliche: Einflussmöglichkeiten auf das Handeln von Behörden versus Akzeptanz struktureller Grenzen und Umgang mit diesen	EA / HA
22	„Wie lange soll das denn noch gehen?" – Überforderung eines Ehrenamtlichen	• Definition und Zurückweisung von erwarteten Rollen Ehrenamtlicher in Flüchtlingsfamilien • Verantwortung und Überforderung im Ehrenamt • Setzen von Grenzen • kultur- bzw. herkunftsspezifischer Umgang mit psychischen Krankheiten • Verschiebung von Rollen in Familiensystemen durch Flucht und Migration • Überforderung von Kindern (u. a. mit Erwachsenenrollen) • kulturspezifische Tabus	EA
23a	„Man kann das auch anders machen" – Kritik an einer Hauptamtlichen	• Kommunikation und Zusammenarbeit zwischen Haupt- und Ehrenamtlichen, insbesondere bei Interessenkonflikten, Meinungsverschiedenheiten und unterschiedlichen Vorstellungen im Umgang mit Geflüchteten • Aspekte der Über- und Unterordnung in der Beziehung zwischen Haupt- und Ehrenamtlichen • Definition von Aufgaben und Rollen im Haupt- und Ehrenamt: Gemeinsamkeiten und Unterschiede	EA / HA

23b	„Man kann das auch anders sehen" – Empowerment oder Machteingriff	• wie 23a, hier am Beispiel der Frage, wie mit häuslicher Gewalt in einer syrischen Familie umgegangen werden soll • Zusammentreffen professioneller Perspektiven (Hauptamtliche) mit Orientierung an privaten Maßstäben (Perspektive der Ehrenamtlichen)	EA / HA
24	„Nur damit sie ihre Fotos bekommen" – Besuch der Politik in einer Kleiderausgabe	• Zusammenarbeit mit Politik und Presse in der Flüchtlingshilfe, hier: Instrumentalisierung der Flüchtlingshilfe durch Politik und Presse • Sensibilität im Umgang mit Geflüchteten / Menschen in Not	EA
25	„Das erwarten wir von dir! Hier müssen alle mit anpacken!" – Gefahr von Überlastung	• Aushandlung von Erwartungen an ehrenamtliche Helferinnen und Helfer, auch untereinander • Vereinbarkeit ehrenamtlicher mit beruflichen und privaten Aufgaben • Umgang mit verschiedenen lebensphasenbedingten Anforderungen und Zugangsweisen zum Ehrenamt (Hausfrau versus Berufstätigkeit im Schichtdienst) • Setzen von Grenzen, Schutz vor Überlastung (u. a. bei Gruppendruck)	EA
26	„Die sind doch alle nicht integrierbar!" – Polemik in der Öffentlichkeit	• Umgang mit Kritik und polemischen Argumenten gegen Zuwanderung und Zugewanderte in der Öffentlichkeit • Abwehr unsachlicher Argumente • Verortung ehrenamtlicher Helferinnen und Helferinnen in der Flüchtlingspolitik bzw. politische Dimensionen der Flüchtlingshilfe	EA
27	Abschied nehmen	• Umgang mit Nähe und Distanz, Ein- und Loslassen in der Flüchtlingshilfe • Ohnmacht gegenüber Entscheidungen von Behörden im Asylverfahren und Umgang damit • Pflege begonnener Bekannt- und Freundschaften auf Distanz • Organisation von Hilfe in verschiedenen Phasen des Ankommens und der Integration	EA

28	„Also so hatte ich mir mein ehrenamtliches Engagement nicht vorgestellt" – Kein Fortschritt, sondern Frust	• Deutschunterricht in Erstaufnahmeeinrichtung • Umgang mit neu Angekommenen • herkunftsspezifische Aspekte des Lernens und der Lernmethodik • Umgang mit verschiedenen Bildungsniveaus im Deutschunterricht • Motivation im Ehrenamt trotz Frustration bzw. nicht erkennbarer Nachhaltigkeit	EA
29	„Wie hat es Ihnen gefallen?" – Schweigen nach dem Sprachunterricht	• Deutschunterricht in Erstaufnahmeeinrichtung • kulturspezifischer Ausdruck von Lob und Kritik • Umgang mit dem Bedürfnis nach Orientierung / Rückmeldung bei Ehrenamtlichen	EA
30	„Warum müssen WIR uns anpassen?" – Neue Zeiten für die Essensausgabe	• Rolle und Mitbestimmung von Ehrenamtlichen bei Abläufen einer Erstaufnahmeeinrichtung, Hierarchien in der Erstaufnahmestelle • kulturspezifischer Ausdruck von Kritik (u. a. Lautstärke, Gestik) • Rolle von Religion und Rücksichtnahme auf religiöse Traditionen bestimmter Geflüchteter • Organisation von Ehrenamt	EA / HA

Die Autorin

Bettina Franzke ist Professorin für interkulturelle Kompetenzen und Diversity-Management an der Fachhochschule für öffentliche Verwaltung NRW, Abteilung Köln. Von 2008 bis 2013 war sie Professorin für beschäftigungsorientierte Beratung an der Hochschule der Bundesagentur für Arbeit in Mannheim. Ihre Arbeitsschwerpunkte sind interkulturelle Kompetenz und interkulturelles Lernen in einer Einwanderungsgesellschaft, Chancengleichheit am Ausbildungs- und Arbeitsmarkt sowie die Qualifizierung von Beratungsfachkräften und ehrenamtlich Engagierten.

Informationen und Kontakt unter www.professor-franzke.de